# ぼくのごはん

[初回版]

簡単&時短！誰でも美味しく作れる
アイデアたっぷりの54レシピ

# CONTENTS

- 2 ご挨拶
- 6 レシピを作る前に

## おかずの章

### 8 定番おかずをもっと美味しく！

- 10 ふわふわで肉汁じゅわ〜新食感ハンバーグ！
- 12 よく染みる！ お肉やわやわ！ 煮崩れしにくい肉じゃが！
- 14 まるで雲のようなふわしゅわオムレツ
- 16 油で脂っこくなくなる!? 絶品！ 炊飯器で角煮！
- 18 レンジで5分！ 包まない！ 絶品シュウマイ!!
- 20 楽チンなのに本格的！ ヘルシーエビチリ！

### 22 安いお肉で絶品料理

- 24 放っておくだけ！ 簡単鶏ハム！
- 26 騙されたと思ってやってみて！ やわやわツルツル水晶鶏！
- 28 揚げない！ ふんわりお肉！ ヘルシー酢鶏！
- 30 焼いてタレを絡めるだけ！ ふわふわ鶏チリマヨ！
- 32 ヨーグルトが決め手！ ハンガリートマトチキン！
- 34 豆腐でサクッふわ〜！ お手軽チキンナゲット！
- 36 薄切り肉でやわらか！ ロールチーズカツ！
- 38 え!? 果物とチーズ!? ジューシーなりんごの豚肉巻き
- 40 ウイスキーとしょうゆだけで絶品ポークソテー！
- 42 安い牛ブロックで！ 絶品ローストビーフ

### 44 野菜の副菜レシピ

- 46 まったりクリームポテト
- 47 プリプリ肉味噌もやし

| | |
|---|---|
| 48 | とろとろ玉ねぎスープ |
| 49 | 染み染み〜大根の煮物 |
| 50 | ふわふわ長いもグラタン |
| 51 | 白菜のトロトロ焼き |
| 52 | **COLUMN1** お弁当レシピ |

# ご飯の章

### 58 フライパンでご飯
| | |
|---|---|
| 60 | フライパン1つで！カレーパエリア！ |
| 62 | フライパンDEさっぱり梅しらすご飯 |
| 64 | 炊飯器より美味しい！フライパンDEボンゴレ飯 |
| 66 | 簡単！香ばしい！ぽきぽきパスタパエリア |

### 68 炊飯器に入れるだけ！
| | |
|---|---|
| 70 | 炊飯器にドーン！トマト丸ごとご飯 |
| 72 | 炊飯器に入れるだけ!? パラパラ絶品チャーハン |
| 74 | 炊飯器にお任せ！絶品サムゲタン！ |
| 76 | 炊飯器にお任せ！シンガポールチキンライス |
| 78 | 簡単！朝食にも！炊飯器ケークサレ |

### 80 麺のレシピ
| | |
|---|---|
| 82 | クリーミー！ヘルシー！豆乳味噌パスタ |
| 84 | 豆乳で濃厚！ヘルシー！トマトクリームうどん |
| 86 | ごまドレッシングでお手軽！冷やし担々麺！ |
| 88 | きらきら！フルフル！トマトジュレそうめん |
| 90 | バジル以外でも美味しい！大葉のジェノベーゼうどん！ |
| 92 | **COLUMN2** 簡単一人飯 |

# レシピを作る前に

# おかずの章

定番おかずをもっと美味しく作る裏技から、
安いお肉で作る絶品メインディッシュ、
ちゃちゃっと作れる野菜の副菜まで、
ど〜んとご紹介！

# 定番おかずをもっと美味しく！

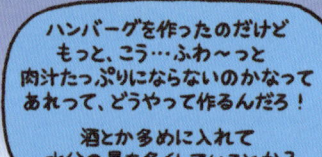

# ふわふわで肉汁じゅわ〜 新食感ハンバーグ！

**材料**（4個分）

- 玉ねぎ…1/2個（約100g）
- 麩…15g
- 豆乳…大さじ2
- A
  - 合いびき肉…300g
  - マヨネーズ…大さじ1
  - ナツメグ、こしょう、塩…各少々
- 小麦粉…適量
- 油…適量
- 酒…大さじ2〜3

## 1

玉ねぎをみじん切りにしたら、フライパンであめ色になるまで炒め、皿に出して冷ましておこう。

重い———

玉ねぎは、みじん切りにして冷凍しておいたものを炒めると、あっという間にあめ色になるよ〜！

その間に麩を細かくちぎり、豆乳をかけてふやかしておいてね！

豆乳は無調整がオススメ
ふわふわ感は多少劣るけれど
豆乳は牛乳で代用してもOK！

## 2

ボウルにAと1の玉ねぎ、麩を入れ、よくこねたら4等分するよ。手の平でキャッチボールをして空気を抜き、真ん中を軽くくぼませて薄く小麦粉をまぶそう〜！

厚みがありすぎると生焼けの原因に！
逆に薄すぎると肉汁が溜まらない…
1.5〜2cmくらいが理想だ〜っっ

## 3

さあ！焼いていくよ！フライパンに薄く油をひいて、十分温めたらタネを入れ、蓋をして弱火で3分焼こう。裏返したら、また蓋をして3分。最後に酒を加え、蓋をして2分蒸し焼きにしたら完成だよ！

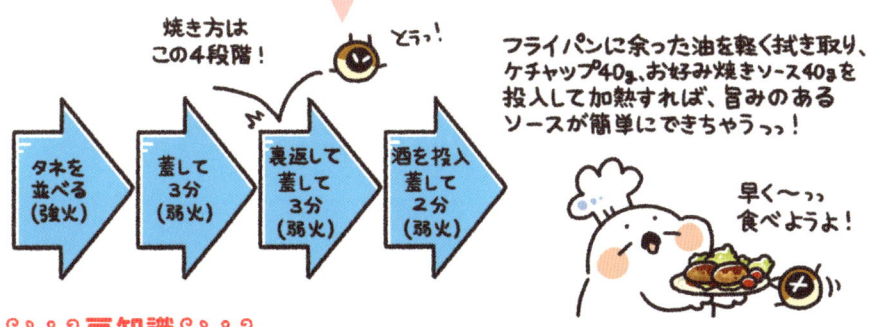

フライパンに余った油を軽く拭き取り、ケチャップ40g、お好み焼きソース40gを投入して加熱すれば、旨みのあるソースが簡単にできちゃうっっ！

### 豆知識

なぜこんなにお肉がふわふわに…！

通常、肉を焼くとたんぱく質が結合するからかたくなるんだ…でも、マヨネーズを加えてあげると結合をソフトにしてくれるのでふわふわに大変身!!

そして！

- お麩…パン粉の1.5倍も水分を保つ
- 豆乳…油と水をくっつけてくれる
- 薄力粉…表面に薄い膜ができる

この3つのおかげで肉汁を逃がさず、ジュ〜シ〜な仕上がりになったんだ！

…って！ちゃんと聞いてる？

おかわり〜!!

# よく染みる！お肉やわやわ！煮崩れしにくい肉じゃが！

**材料**（3～4人分）

A:
- 糸こんにゃく…50～100g
- じゃがいも…2～3個（約250g）
- 玉ねぎ…1/2個
- にんじん…1/2本
- 牛薄切り肉…150g
- 砂糖、酒…各大さじ2
- みりん…大さじ1
- だしの素…小さじ1/2

- 炭酸水(無糖)…200cc
- しょうゆ…大さじ2
- さやいんげん…好みで

## 1

糸こんにゃくは熱湯で一度茹でて、適当な長さに切ってから使おう。

じゃがいもは一口大に切ったら、水で表面を洗うか水に浸して、でんぷんを落としておこう～！玉ねぎはくし形切りに、にんじんは乱切りにするよ。

Aを鍋の中に入れたら、そこに炭酸水を加える。

エーーッ!?　た…炭酸水!?　炭酸水を入れるの!?

## 2

弱火〜中火で20分間ことこと煮て…
じゃがいもに竹串を刺して火が通っていたら、しょうゆと好みでさやいんげんを加え、火を強めて汁気をとばしたら完成だ〜〜〜〜！

アクが出たらとってあげてね！

バター大さじ1（分量外）を加えてもンンンまい〜！

コクが出る〜っっ

### 豆知識

肉がかたくない！
煮崩れしてない！
ほっくほく♪!!

炭酸水を入れたことで肉がやわらかく煮えるし、材料に味が良く染み込むんだーっっ

レモン風味がついていない炭酸水を使用してね！

そして、じゃがいもが煮崩れしなかった秘密はコチラ！

【加熱は低い温度で】
弱火〜中火の60〜70℃で、細胞間の結合が強くなる！

【水ででんぷんを流してから使う】
表面のでんぷんが多いと煮崩れする

【水から煮る】
急に温度が上がると煮崩れする！

【酒、みりんを入れる】
アルコール分がペクチンに作用して煮崩れしにくくする！

他にも、じゃがいもを油で炒めてから使うと、油が表面をコーティングしてくれるので煮崩れ防止になるよ！

シンプルな料理なのに奥が深い〜っっ

ゴロッ

# まるで雲のような ふわしゅわオムレツ

**材料**（オムレツ1個分）
- 卵…1個
- A ┃ 牛乳…小さじ2
  ┃ 塩、こしょう…各少々
- 塩…ほんの少し
- バター…適量
- 溶けるチーズ…好みで1枚
- ケチャップ…好みで

## 1

卵を卵黄と卵白にわけ、別々のボウルに入れよう。卵黄の方にはAを加え、混ぜておいてね！

卵2個までなら一気に焼けるよ！
2～3人分かなぁ？

卵白のボウルの方に塩を入れ、しっかりしたメレンゲを作るよ。卵黄液の中にメレンゲを2～3回にわけて入れ、泡が消えないようにさっくり混ぜよう！

逆さにしてもメレンゲが落ちてこないくらい！
しっかり！しっかり！

ハンドミキサーがあると楽チン…

## 2

温めたフライパンにバターをひき、1の生地を流し入れて蓋をしたら、極弱火で約3分焼いてね。

チーズを入れるなら、円の半分にチーズを置いてから焼いていこう！

平らにする時は押さず、なでるように！泡が潰れちゃう！

チーズ入りってンンンまいよね

フライパンに流す　　ゴムベラなどで軽く表面を平らにする　　円の半分にチーズをのせて焼く

## 3

半分に折りながら皿にのせたら、ケチャップをかけて召し上がれ〜！

表面が少し乾いたくらいが盛り付け時だよ〜！お好みでもっと焼いてもOK！

### 〜 アレンジでンンンまい〜！ 〜

 **バジルベーコンオムレツ**

（卵黄液に刻んだバジル（乾燥バジルでもOK）を入れる
2でチーズと一緒にベーコン（ハムでも）を入れて焼く
ミートソースをかけて食べてもンンンまい〜！）

**スイーツオムレツ**

（卵黄液に塩こしょうは入れず、代わりに
砂糖大さじ½と、レモン汁少々を加えて焼こう！
ジャムやはちみつ、果物のコンポートを添えて）

# 油で脂っこくなくなる！？
# 絶品！炊飯器で角煮！

### 材料（2人分）
- 豚バラ肉（ブロック）…500g
- 油…80cc

A
- 水…450cc
- 生姜（薄切り）…1片分
- にんにく（薄切り）…2片分
- 赤唐辛子（輪切り）…1本分
- 長ねぎの青い部分…適量

B
- しょうゆ、酢…各50cc
- 酒、砂糖…各大さじ3
- はちみつ…大さじ2

## 1
豚肉は8等分にしよう。フライパンに油を入れて豚肉を加え、中火で5分程焼いて表面に焼き色をつけるよ。焼き終えたらキッチンペーパーで油を拭き取ってね！

実は脂っこくなくなる秘訣がコレなんだ
ふっふっふっ

たくさんの油で焼くのに脂っこくなくなるってどういうことなんだ！？
謎すぎる！

## 2
鍋に1の肉とAを入れて10～30分茹でる！アクが出たら、その都度取り除こう。

長く茹でた方が脂っこくなくなるよ！

ねぎの青い部分や生姜は臭みを消して、良い風味をつけてくれるんだっっ！

**3** 2から長ねぎをとり出して残りを炊飯器に入れ、Bを加えたら通常の炊飯スイッチをON。あとは待つだけ〜！

油が気になる方は茹で汁を捨てて同量の水400ccで作ってもOK！茹で汁の方が旨みはあるよ〜

お酢が苦手な方は減らしても作れるよ！

ゆで卵を作って殻を剥き一緒に炊飯器に入れてもンンンまい〜！

P!

## 豆知識

脂っこい物を油びたびたで焼いてるだと――っ！だめだこりゃ〜！

そこまで言わなくても…

ぼくくん、水に油を加えるとどうなるでしょうか！

え…え？混ざらない…

そう！油と水は反発し合うから茹でてもなかなか脂が出てこないんだ！

エ――ッ！

一方、油同士は溶け合う性質があるので、油で炒めることで出てきた脂は、フライパンの油と結びついて外へ出ていくんだ〜！

たくさんの油で焼くだけで、肉に含まれる脂が25%程減ると言われているよ！

そうなの!!ビックリ！

キャッキャッ

そうそう！
炊飯器に匂いがつくのでは？と、不安な方も多いと思うのだけれど、多めの水に酒大さじ1を入れて一度炊飯してみて！匂いが取れるよ〜！

よじ　よじ

# レンジで5分！包まない！絶品シュウマイ!!

**材料**（10〜12個分）

- キャベツ…100g
- A
  - 豚ひき肉…200g
  - 玉ねぎ(みじん切り)…1/4個分
  - レンコン(みじん切り)…100g
  - にんにく(みじん切り)…1片分
  - 生姜(すりおろし)…小さじ1
  - 水…大さじ1と1/2
  - 片栗粉、酒…各大さじ1
  - ごま油…大さじ1/2
  - 鶏ガラスープの素…小さじ1
  - しょうゆ…小さじ1
  - 砂糖…小さじ1/2
  - 塩…小さじ1/4
- シュウマイの皮…10〜12枚
- ごま、七味唐辛子、酢じょうゆ…各好みで

## 1
キャベツを太めの千切りにして、大きめの平皿に敷いておこう。

レンジの中に入る大きさの皿で耐熱のものを使用してね…

ボウルに**A**を入れてよく混ぜよう〜！

肉をこねていくと、粘り気が出てくるので、それまでこねよう〜

は〜い！

## 2

タネを10〜12等分して丸めたら、さっと濡らしたシュウマイの皮をかぶせ、皮が上面になるように、キャベツの上に並べていってね！

タネを丸める

濡らした皮を

かぶせる！

側面を軽くギュッギュッってしてあげよう！

## 3

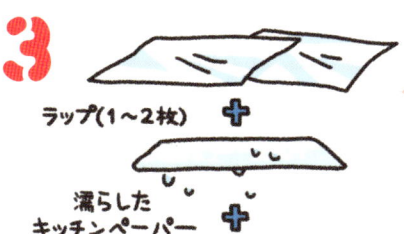
ラップ（1〜2枚）
＋
濡らしたキッチンペーパー
＋
シュウマイとキャベツ

キッチンペーパー1枚を水で十分に濡らしたら、2の皿の上にかぶせ、ふわっとラップをする。電子レンジで5分チンしたら完成〜！

え!?レンジでチン!?蒸さないの!?

仕上げに好みでごまや七味をかけて、酢じょうゆで召し上がれ〜！

レンコンがシャキシャキ
肉汁の風味がついたキャベツ美味しい〜
ラー油やからしも合うね

### 豆知識

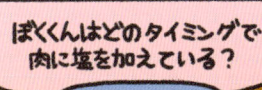
ぼくんはどのタイミングで肉に塩を加えている？

え…こねる前に入れちゃうけど…

ずずいっ
じゃあ、ジューシー派!!

**料理によって塩を入れるタイミングを使い分けよう！**
- 肉をこねる前…弾力のあるジューシーな仕上がり
- 肉をこねた後…ふっくらした仕上がり

びびびびびびっくりした〜

シュウマイは、こねる前に塩を入れたことで肉のたんぱく質に粘り気が出たんだ！その粘りに旨みを逃がさない力があるのでジューシーに仕上がったんだよ〜！

# 楽チンなのに本格的！ヘルシーエビチリ！

**材料**（3〜4人分）

- A
  - 水…40cc
  - チリソース…大さじ1強
  - 鶏ガラスープの素…小さじ2
  - オイスターソース…小さじ1/2
  - 片栗粉…大さじ1
- 油…少々
- 玉ねぎ…1/2個
- にんにく…1片
- 豆板醤…小さじ1
- B
  - エビ…400g
  - カットトマト（パックや缶）…200g
- サンチュ…適量

## 1

Aを混ぜてタレを作っておこう。

チリソースが無かったら、お酢、みりん、はちみつ(砂糖でも！)を小さじ1ずつ加えて！

玉ねぎとにんにくはみじん切りにして、エビは殻を剥き、背わたをとっておいてね。

玉ねぎを切った時に発生するアリシンのせいで涙が出るのだけど、よく切れる包丁を使用したり冷蔵庫などで十分に冷やしてから切ると涙が出にくくなるよ！

## 2

フライパンに油をひき、玉ねぎとにんにくを炒めよう。
玉ねぎがしんなりしてきたら豆板醤を加えて更に炒め、
Bを投入して煮詰めていこう〜！

カットトマトがない場合は
ケチャップ60gを加えてね！

でも、カットトマトが一番オススメ！
豆板醤は好みに合わせて
調節しよう〜

## 3

エビの色が変わったら1のタレを加え、とろ
みがつくまで炒めよう。
サンチュを敷いた皿に盛り付ければ、完成！

ぼくくんには
あげない・・・！

タレが多い方が好きな方は、
Aとカットトマト2倍で作ってね〜！

ご〜め〜ん〜な〜さ〜い〜っ

あわわわ

## 付け合わせに

### パリパリワンタン！

①ワンタンの皮を短冊切りにする

②フライパンに薄く油をひき、中温になったらワンタンを投入！
きつね色になったら完成！

トロ〜っとしたエビチリのタレに
パリパリがよく合う〜！

うまーっうまーっ

そろそろ許してよ〜！
ぼくも食べたい！わ〜ん！

# 安いお肉で絶品料理

# 放っておくだけ！簡単鶏ハム！

**材料**（2人分）
- 鶏むね肉…1枚（約250g）
- 砂糖、塩…各大さじ1
- 塩、こしょう…各適量

## 1
鶏肉の皮を取り除き、砂糖をよくもみ込み、次に塩をよくもみ込もう〜！

砂糖→塩の順番は守ろう！塩を先にもみ込むと、砂糖の味があまり染み込まなくなるんだ…

むね肉がだいぶ大きめだったら、砂糖と塩を大さじ1と1/3ずつもみ込んでね！

鶏肉をビニール袋などに入れて、密封状態になるように口を閉じる。半日（約12時間）経ったら袋から取り出して、ボウルいっぱいに張った水に浸し、1時間塩抜きをしよう！

いくつかまとめて作る場合は、まとめてビニール袋へ！

小さめの肉なら30分でもOK！

## 2

1の水気を軽くきったら、塩、こしょうをして、ラップでキャンディー状になるように丸めるよ。両端は輪ゴムでとめてあげてね！

(1)
水気をきる

(2)
軽く塩こしょう

(3)
ラップの上へ

(4)
巻いていく

(5)
両端を輪ゴムでとめる

(4)できつめに巻いて、
(5)で左右から押しつつ輪ゴムをとめると
キレイな形が作れるよ！

細長いより、太くした方が
ハムっぽいね〜

## 3

鍋に2がすっかり浸るくらいの湯を沸騰させておき、2を投入！蓋をして、弱火で3〜5分茹でて火を止める。そのまま湯が冷めるまで、放置しておけば完成〜！

小さめなら3分！
大きめや、いくつも一緒に
茹でているのなら5分で！

### 〜 アレンジでンンンまい〜！〜

**＋ハーブ**

タイム、ローズマリー
レモングラス、オレガノ
バジルなどお好みの
ハーブを一緒に巻いて！

**＋黒こしょう**

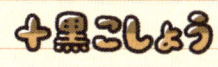
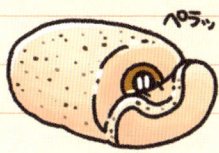

黒こしょうでピリリと
スパイシーな味わいに！
1ですりおろしたにんにくを
もみ込んでも美味しい〜

**＋野菜**

ラップで巻く時に
にんじんやアスパラなどの
野菜を一緒に巻き巻き♪
チーズもオススメ！

# 騙されたと思ってやってみて！やわやわツルツル水晶鶏！

**材料**（2人分）
- 鶏むね肉…1枚（約250g）
- 塩、こしょう…各少々
- 片栗粉…大さじ3
- レタス、きゅうり…各適量
- A
  - めんつゆ…大さじ2
  - 酢…小さじ2
  - 豆板醤…小さじ1/2

## 1
鶏肉を一口サイズの削ぎ切りにしたら、塩、こしょうをしてもみ込む！そこに片栗粉を加え、鶏肉にまんべんなくまぶしていこう。

ボウルに入れてまぶしてもよいし、ビニール袋に入れてまぶしてもよいよ〜

## 2
鍋にたっぷりの湯を沸騰させて、中火にして**1**を一切れずつ入れ、くっつかないように適度に混ぜる。
鶏肉の色が白くなって、水面に浮いてくれば茹であがり！

絶対に、お湯が沸騰してからお肉を茹で始めてね！ぬるいと片栗粉が溶けちゃう…！

混ぜすぎると、片栗粉の衣が剥がれちゃうので気をつけて！

# 揚げない！ふんわりお肉！ヘルシー酢鶏！

**材料**（2～3人分）
- 鶏むね肉…1枚（約250g）
- 塩、こしょう…各少々
- 片栗粉…大さじ3
- 油…少々
- A
  - にんじん…1/2個
  - 赤パプリカ…1/2個
  - 玉ねぎ…1/2個
  - ピーマン…1個
  - エリンギ…2～3本
- B
  - 酢、砂糖、しょうゆ、ケチャップ…各大さじ2
  - 酒、片栗粉…各大さじ1
  - 生姜（すりおろし）…小さじ1
  - 水…50cc
- サニーレタス…適量

## 1

鶏肉を一口サイズの削ぎ切りにしたら、塩、こしょうをしてもみ込む。そこに片栗粉を加え、鶏肉にまんべんなくまぶしていこう！

片栗粉をまぶしたら、できるだけ早く焼き始めてね
肉から水分が出てきて、上手に片栗粉の衣が
くっつかなくなってしまうんだ～

フライパンに油をひき、肉を重ならないように並べて焼くよ。焼き色がついたら、一度皿に取り出そう～。

## 2

Aはそれぞれ一口サイズに切り、にんじん→赤パプリカ→玉ねぎ→ピーマン→エリンギの順に炒めていくよ。

野菜によって火の通りが違うからね
お好みの野菜に代えてもOKだよ～

一番最後に缶詰のパイナップルを加えても美味しいよ～！

パイナポ～
パイナポ～

## 3

火が通ったら1の肉を加え、Bを混ぜたタレを投入！とろみがつくまで煮詰めたら完成だよ。サニーレタスを敷いた皿に盛り付けよう！

お皿の準備はできております！隊長！

砂糖の甘さは調節してね！
黒砂糖に代えるとコクが出て旨みUP！
お酢を黒酢に代えてもンンンまい～！

### 豆知識

マロさん！マロさん！
1日にたった大さじ1のお酢を摂取するだけで、疲労回復するの知ってる？

へぇ～！そうなんだ！

マロさん、お疲れだろうし、ちゃんと、毎日摂取してね！

毎日お仕事ご苦労さまね…

ぼくくん…そんなにぼくのこと考えていてくれたの!?感激なのだけれど！！！

ウッ…

ウッ…

内臓脂肪が減少、血中中性脂肪も減少高血圧も改善するよ…なんて言えない

# 焼いてタレを絡めるだけ！ふわふわ鶏チリマヨ！

## 材料 (2人分)

- 鶏むね肉…1枚(約250g)
- 塩、こしょう…各少々
- 片栗粉…大さじ3
- 油…少々
- エリンギ…1パック
- A マヨネーズ…大さじ3
  チリソース…大さじ3
  タバスコ…好みで
- サラダ菜…適量

### 1
鶏肉は削ぎ切りにして、ボウルに入れて塩、こしょうをふり、片栗粉を加えてまんべんなくまぶそう！

削ぎ切りは、包丁を斜めにして、薄めに切ることだよ！

よいしょっ よいしょっ

### 2
フライパンに油をひき、1を重ならないように並べて焼いてね。途中、斜め切りしたエリンギを加えて焼くと、更に美味しいよ〜！

テフロン加工のフライパンが焦げ付きにくいのでオススメ〜

  いい音…

# ヨーグルトが決め手！ハンガリートマトチキン！

**材料** (2人分)

- 鶏むね肉…1枚（約250g）
- 塩、こしょう…各少々
- 油…少々
- にんにく…1片
- 玉ねぎ…1/2個
- パプリカパウダー…大さじ1
- A
  - カットトマト（パックや缶）…200g
  - コンソメ（固形）…1個
  - オイスターソース…小さじ1
- ヨーグルト…50g
- バジル（乾燥）…好みで

## 1

鶏肉は一口サイズに切って、塩、こしょうをふっておこう。
フライパンに油をひき、みじん切りしたにんにくを炒め…

温まったかな？

フライパンを十分に温めてから油をひいてね！
はじめからひいてしまうと油が高温になりすぎてすぐ、にんにくが焦げちゃう！

良い香りがしてきたら鶏肉を投入！
皮目からパリッと焼いて、火が通ったら皿に取り出そう。

## 2

同じフライパンで、薄切りにした玉ねぎを炒め、火が通ったら、パプリカパウダーを加えてね。

この独特のパプリカの香り…
お腹減った…じゅるり…

そこに**1**の鶏肉と**A**を加え、蓋をしたら弱火で20〜30分煮込んでいくよ！

ローリエの葉1枚を一緒に煮るとさらに香りが良くなるよ！

## 3

火を止めてヨーグルトを加えたら、まんべんなく混ぜて、完成〜〜！
好みでバジルをふってね！

本来はサワークリームを入れるけど、今回は無糖ヨーグルトを使用！

ヨーグルトは加熱すると分離しやすいので、火を止めてから加えてあげると失敗しないよ〜

ペンネを添えてもンンンまい〜！

### 豆知識

こんなに赤いのに辛くないんだね〜
パプリカって、あの赤いピーマン？

そうだよ〜！ハンガリーでは欠かせない食材なんだ！
パプリカには強い害味がないから、もし入れすぎても失敗しないよ

そして、とってもカロテンが豊富！！！
カロテンは体内でビタミンAに変わるのだけれどその効能が、肌荒れ・乾燥肌を防止、キメの細かい肌を作る、シミ・シワの予防、ニキビ対策などなど！

わ〜〜〜！
女性には嬉しい効果がたくさんなんだね！

ぼくなんか、もう、
お肌もっちもちの、
ツッルツルだよ〜！

ほんとだ〜！

# 豆腐でサクッふわ〜！お手軽チキンナゲット！

**材料**（約18個分）

- 絹豆腐…100g
- A
  - 鶏むねひき肉…200g
  - 片栗粉…大さじ2
  - マヨネーズ…大さじ1
  - 鶏ガラスープの素…小さじ1
  - 塩、こしょう…各少々
- 油…適量
- レタス…適量
- ケチャップ、マスタード…好みで

## 1

豆腐をキッチンペーパーを敷いた皿の上に置き、ふんわりラップをして電子レンジで2分チン。これで簡単に水きりができるんだ〜！

へぇ〜！お手軽だ！

ある程度冷めたら、ボウルに入れ、Aを加えてよく混ぜよう！

豆腐とマヨネーズの組み合わせがふわふわの秘訣なんだ！

もし、マヨネーズが苦手なら、食感は変わるけれど抜いても作れるよ

## 2

フライパンに油を1〜2cm程度入れて中温（170℃）に熱し、スプーン2本を使って、**1**のタネを500円玉サイズになるよう落としていこう。キツネ色になるまで揚げてね。

落とす時はそ〜っと…やけどに気をつけてね

鍋で多めの油で揚げればまん丸の形で作れる！フライパンだと少しの油で揚げられるという利点が！

ジュワー

## 3

油をきったら、レタスを敷いた皿に盛り付け、ケチャップやマスタードをつけて召し上がれ〜！

あわわっ ぼくの分…

わ——っ！想像よりとっても軽い！美味しい！美味しい！いくつでも食べれちゃう〜！

モブッ

35

### 🎀 アレンジでンンンまい〜！🎀

**＋粉チーズ**

チーズの風味が子供にも大人気！！

**＋黒こしょう**

粗びき黒こしょうが良いアクセントに！

スイートチリソースと、マヨネーズを1:1で混ぜたソースをつけて食べてもンンンまい〜！

辛い物が好きな人は、ケチャップにタバスコを加えてみて！クセになる美味しさ！！

# 薄切り肉でやわらか！ロールチーズカツ！

**材料**（2〜3人分）
- 豚薄切り肉…250g
- 塩、こしょう…各少々
- 大葉…適量
- 溶けるチーズ…適量
- A
  - 卵…1個
  - 小麦粉…100g
  - 酒…100cc
- パン粉…適量
- 油…適量

## 1

バットに豚肉を重ならないように並べ、塩、こしょうをふって10分ほどおいておこう！

こま切れのお肉でも作れるよ
同じように全体に塩こしょうを！

豚肉から水が出てきたら、キッチンペーパーで拭き取ってね！

この出てきた水に、豚肉の臭みが入っているんだ〜

塩をふって時間をおきすぎると旨みまで逃げちゃうので気をつけて！

**2** こま切れ肉なら、2~3枚重ねて広げて！

豚肉を広げたら、そこに大葉1枚と溶けるチーズ1/2枚をのせ、くるくる巻こう。

お肉がなくなるまで、作っていってね！

まな板にラップを敷いてその上で巻いていくと作業しやすいよ～！

せっ せっ

**3** ボウルにAを入れてよく混ぜたら、2の巻いた肉を絡ませ、パン粉をつけて…180℃の油で、カラッと揚げれば完成～！

みろーん
このチーズがンンンまい

薄切り肉で作るから、早く火も通るし、かたくない！食べやすい！

### 豆知識

ぼく、今までフライって小麦粉→卵→パン粉の順につけて揚げていたのだけれど

うんうん

レシピには料理酒が入っているよね？

よく気がついたね～
実はお酒を入れるとサクサクに仕上がるんだ

熱でアルコールが蒸発する時、一緒に具材の水分も蒸発させてくれるからなんだ！

へぇ～っ！

ぐうぅ…

だから、ベチャっとなりにくい～
エビフライにも使える技だよ
また、お腹すいてきちゃった…

# え!? 果物とチーズ!? ジューシーなりんごの豚肉巻き

**材料**（2人分）
- 豚薄切り肉…8枚
- 塩、こしょう…各少々
- りんご…1/2個
- 片栗粉…適量
- 油…少々
- 酒…大さじ1
- A
  - 牛乳…大さじ2
  - しょうゆ…小さじ1/2
  - 溶けないスライスチーズ…2枚
- レタス…適量

**1** 豚肉は軽く塩、こしょうをして、りんごはくし形切りにして8等分しよう。

塩水にりんごを浸けておくと変色を防げるのでオススメ〜！

豚肉の片面に片栗粉をまぶしたら、そこにりんごを置いて巻きつけて〜！

焼いている時に剥がれないようしっかり巻きつけていってね！

## 2

フライパンに油をひき、1を並べて弱めの中火で両面3分ずつ焼いてね。良い具合に焼き色がついたら、酒を加え、蓋をして1分蒸し焼きにしよう！

巻き終わりを下にして焼くことで、剥がれず、キレイに焼き上がるよ〜！

りんご1個食べちゃってごめんね…？

カポッ

## 3

耐熱皿にAを入れ、ふんわりラップをしたら、電子レンジで1分チン。ぐるぐる混ぜれば、美味しいチーズソースのできあがり！

溶けるチーズだとダマが残って失敗するので絶対溶けないスライスチーズで作ってね！

レタスを敷いた平皿に、2を盛り付け、仕上げにチーズソースをかければ完成だ〜！

りんごの少しシャキッとした食感がたまらない
果物とお肉の組み合わせって
ちょっとびっくりだけど合うんだよ〜

トロー

### アレンジでンンンまい〜！

## イチジクの豚肉巻き

イチジクを2個使用。1個を4等分にして、先程のレシピと同様に豚肉を巻き、焼いて、チーズソースをかける

イチジクがトロ〜っとしていてものすごく美味しい！！！

これは、秋に是非、作って欲しいレシピだ〜

# ウイスキーとしょうゆだけで絶品ポークソテー！

## 材料 (2人分)

- 豚ロース肉…2枚
- 牛乳…適量
- A
  - 玉ねぎ…1/2個
  - しめじ…1/2株
  - グリーンアスパラガス…1本
- 油…適量
- 塩、こしょう…各適量
- ウイスキー…大さじ1/2
- トマト…1/2個
- しょうゆ…大さじ2

**1** 豚肉はそれぞれ筋切りをして、ビニール袋に入れよう。牛乳をひたひたになるまで注いだら、冷蔵庫で30分休ませてね。

これでお肉がやわらかくなるよ〜

筋切りは、赤身と脂身の境にある筋に2〜3cm間隔で4〜5箇所に切れ込みを入れてね
たくさん入れすぎると旨みが逃げるのでNG！

ダメッダメッ

お肉をやわらかくする方法って叩くことだと思っていたのに叩かないの？あれ？

Aを一口サイズにカット。フライパンに油をひき、塩、こしょうをして炒めておこう！

お好みの野菜に代えても良いよ！

フムフム…

**2** 1の豚肉を袋から取り出して、キッチンペーパーで水分を拭き取る。両面に塩、こしょうをして10分待ったら、フライパンに油を熱し、肉を立てて脂身から焼く。
次に、表になる面を焼き、裏返したらウイスキーを中央にさっと入れてフランベする。

フランベとは酒に火をつけて
アルコール分をとばすことだよ！

フランベをすると、火があがるので、
周りに焦げるものがないか確認してね！
これをすることで、肉の臭みが取れて
ウイスキーの香りがつくんだ〜

ギャーッ

蓋をすれば
すぐ鎮火するので
用意しておくと良いよ〜

ゴゴゴゴゴ

**3** 2に1の野菜、刻んだトマト、しょうゆを加えて焼けば、洋食屋さんのンンンまい〜味わいに！

しょうゆとウイスキーだけなのに
ものすごく美味しい…！

そして、トマトが、とっても合う…！

もぐもぐ

## 豆知識

ふっふっふっ

確かにお肉を叩くのは、
やわらかくする方法の1つだよ〜
でも、叩くともったい無い肉もある！

豚ロースやヒレ肉は、叩かなくても
そこまでかたくないよね！
逆に叩くことで、歯ごたえがなくなったり、
旨みたっぷりの肉汁が流れ出ちゃう…

ガーン…

つっつっつ

そっ…
そんな…

牛乳には肉の繊維をほぐしてくれるパワーが
あって、よりやわらかくジューシーに仕上がるし
肉の臭みも消してくれるんだ！

ステーキ肉も30分〜半日
浸けておくと美味しくなるよ〜

急いでいる時は、
この作業を
省いても作れるよ！

へ——っ！

# 安い牛ブロックで！絶品ローストビーフ

### 材料（3～4人分）
- 牛もも肉（ブロック）…350g
- 塩、こしょう…各少々
- A
  - 酢…大さじ2
  - しょうゆ…大さじ1
  - 砂糖…小さじ1
  - ナンプラー…小さじ1
  - わさび…小さじ1
- 油…少々
- 酒…大さじ1
- レタス…適量
- かいわれ大根…1/2パック
- 大葉…10枚
- プチトマト…5個
- にんにく…1片
- ごま…適量

**1** 牛肉に塩、こしょうをふって、常温で30分なじませておいてね。

暑い時期は、塩こしょうをふったら冷蔵庫に入れてなじませ、焼く前に牛肉を出して、室温に戻してから焼こう！

美味しくなれよ…おやすみ…

待っている間にAを合わせてソースを作ろう！

ナンプラーを加えるだけでぐっと風味が良くなるんだ～

## 2

フライパンに薄く油をひき、肉を入れ、表面に焼き色がつくまで焼くよ。酒を加えたら蓋をして弱火で5分焼こう！やけどしないように取り出して、アルミホイルに包んで30分寝かせて…

頑張れ〜！頑張れ〜！

焼きたてで牛肉を切ると、旨みたっぷりの肉汁が出ちゃうアルミホイルに包み、保温しながらゆっくり冷ますことで、やわらかく仕上がるよ〜！

とっとっとっ…

## 3

2の肉が完全に冷めたら、約3mm幅に切って、レタスを敷いた皿に盛り付けよう！その上から、かいわれ大根、千切りにした大葉、くし形切りにしたプチトマト、薄切りにしたにんにく、ごまを散らし、ソースをかけて完成！

包丁を小刻みに動かしながら切るとキレイな切り口になるよ

大きく動かして切ると肉が崩れやすい…

ふっふっふっ

うおぉおぉおぉ！？切るもの間違ってるよ！

### 豆知識

さて！問題です！なぜお肉を常温に戻してから焼いたでしょう！

えっ…

特に気にしたことなかったよ〜！早く火が通るから？

惜しい！冷蔵庫に入っていた塊肉は、内部まですごく冷たくなっていて、焼いても中までなかなか火が通らなかったり焼きムラができてしまったりするんだ！

肉の内部まで常温にしてから焼くことが大切なんだよ〜

もぐ もぐ

わ———っぼくも食べたいっ

# 野菜の副菜レシピ

ばっちり完成〜！
さあ、食べるぞ〜！
いっただきまー・・・
お腹ペコペコだ〜
しかしながら野菜が全然
足りてないねぇ…？
ヒョイ
ギクッ
ん…野菜料理ってあまり
魅力を感じないというか
サラダか煮物くらいしか
思い浮かばないんだよね
てへへ
それにホラ！お肉の下に
レタスが敷いてあるし！
いや、それじゃ
全然足りてないって！
ズル一・・・
野菜を食べることって
すごく大切って知ってる？
レタス…
う〜ん…なんとなく…
バランス良くいろいろ
食べましょうって言うよね
ブラ
ブラ
誰が言ってるか
知らないけれど
そうそう
野菜の摂取目安量は
1日で350gなんだよ〜！
え…お、多いっっ
ぐるんっ
この量を一度に食べたら
ものすごく大変だよね！
だから、毎食に分けて
食べることが大切なんだ！
野菜が
モリモリ…
なるほど〜
でも、もし食べなかったら
何か悪いことが起きるの？
それじゃあ、少しだけ
栄養のお話をしようか！
食事前だし
簡単にね〜
お願いします！

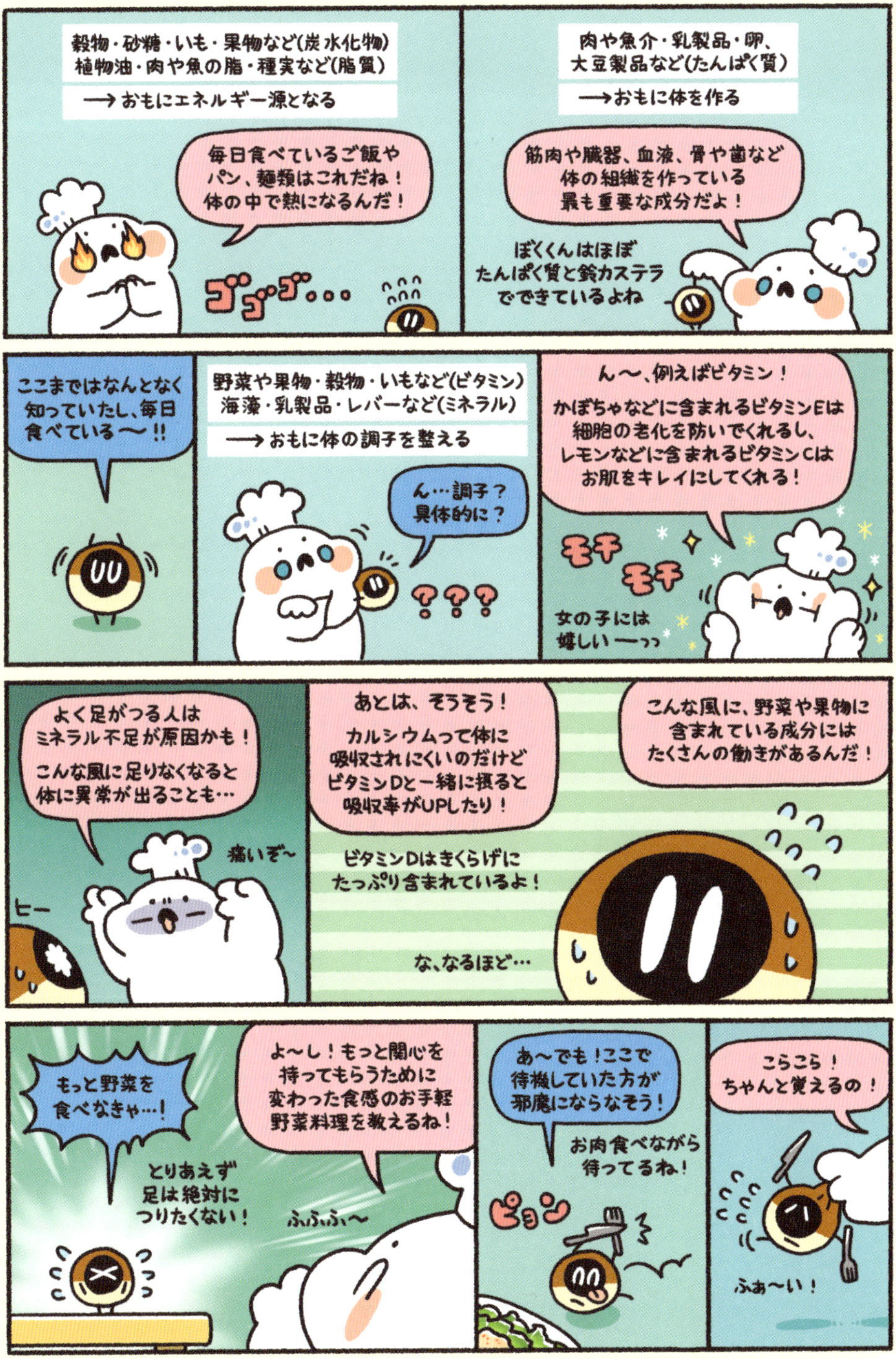
穀物・砂糖・いも・果物など(炭水化物)
植物油・肉や魚の脂・種実など(脂質)
→おもにエネルギー源となる
毎日食べているご飯やパン、麺類はこれだね！体の中で熱になるんだ！
ゴゴゴ…
肉や魚介・乳製品・卵、大豆製品など(たんぱく質)
→おもに体を作る
筋肉や臓器、血液、骨や歯など体の組織を作っている最も重要な成分だよ！
ぼくくんはほぼたんぱく質と鈴カステラでできているよね
ここまではなんとなく知っていたし、毎日食べている〜!!
野菜や果物・穀物・いもなど(ビタミン)
海藻・乳製品・レバーなど(ミネラル)
→おもに体の調子を整える
ん…調子？具体的に？
???
ん〜、例えばビタミン！
かぼちゃなどに含まれるビタミンEは細胞の老化を防いでくれるし、レモンなどに含まれるビタミンCはお肌をキレイにしてくれる！
モチ モチ
女の子には嬉しい一っっ
よく足がつる人はミネラル不足が原因かも！
こんな風に足りなくなると体に異常が出ることも…
痛いぞ〜
ヒー
あとは、そうそう！
カルシウムって体に吸収されにくいのだけどビタミンDと一緒に摂ると吸収率がUPしたり！
ビタミンDはきくらげにたっぷり含まれているよ！
な、なるほど…
こんな風に、野菜や果物に含まれている成分にはたくさんの働きがあるんだ！
もっと野菜を食べなきゃ…！
とりあえず足は絶対につりたくない！
よ〜し！もっと関心を持ってもらうために変わった食感のお手軽野菜料理を教えるね！
ふふふ〜
あ〜でも！ここで待機していた方が邪魔にならなそう！
お肉食べながら待ってるね！
ピョン
こらこら！ちゃんと覚えるの！
ふぁ〜い！

# まったりクリームポテト

**材料**（3〜4人分）
- じゃがいも…3個（約350g）
- A ┌ 牛乳…100cc
  │ バター…10g
  └ 塩…小さじ1/2
- バジル(乾燥)…好みで

**1** じゃがいもをよく洗ったら半分に切って、2個ずつラップに包んで電子レンジで10分加熱！完全に火が通ったら、取り出して皮を剥こう。

熱いのでやけどに気をつけてね！

**2** 熱いうちにマッシャーでよく潰し、Aを加えて混ぜるよ。皿に盛ってバジルをふれば完成！

冷たくなってからだと潰しにくくなるし、バターが溶けなくなっちゃう

好みで粉チーズを加えて混ぜても美味しい！グラタン皿に入れて市販のミートソースをかけ、その上に溶けるチーズをのせて焼いても美味しいよ〜！！

カレーをかけて食べても合う〜

# プリプリ肉味噌もやし

## 材料 (2人分)

- もやし…1/2〜1袋
- きゅうり…1/2本
- 豚ひき肉（粗びきがオススメ！）…130g
- 生姜（みじん切り）…1片分

A
- 酒…大さじ1
- みりん…大さじ1/2
- 赤味噌…小さじ1
- 砂糖…小さじ1
- しょうゆ…小さじ1/2
- 鶏ガラスープの素…小さじ1/2

### 1

もやしを耐熱皿に入れて電子レンジで3分半加熱しておこう！きゅうりは千切りにしておいてね！

もやしを茹でる時は、水から茹でよう！たっぷりの水にサラダ油小さじ1と塩小さじ1を加えておき、もやしを投入！沸騰してから1分程で取り出そう！茹でた後に水にさらすのはNG！冷ます時は皿に広げるなどしてねっ

### 2

フライパンを熱し、豚ひき肉と生姜を炒め、火が通ったらAを加えて絡めながら煮詰めよう！
皿に1のもやしときゅうりを盛り、その上に肉味噌をのせて完成！

油はひかなくてOK！普通のひき肉でも作れるよ
焦げないように注意！

豆板醤・コチュジャンを加えて辛くしてもンまい〜

# とろとろ玉ねぎスープ

**材料**（1〜2人分）
- 玉ねぎ…2個
- A
  - 水…500cc
  - ベーコン(角切り)…90g
  - コンソメ(固形)…1と1/2個
- 塩、こしょう…各適量
- 溶けるチーズ…1枚
- バジル(乾燥)…好みで

## 1
玉ねぎは皮を剥いたら、半分くらいまで十字に切り込みを入れる。1個ずつラップでくるんで電子レンジで8分加熱しよう！

玉ねぎが小さめなら5分で一度様子を見て、やわやわになっていればOKだーーっっ

あんまり切りすぎるとバラバラになっちゃう…

## 2
鍋に1とAを加え、5分程弱火で煮込んでいくよ〜！
塩、こしょうで味を調えたら、チーズを半分に切って十字の切り込みにのせ、溶けるまで加熱しよう！ あとは皿に盛ってバジルをふれば完成〜！

わ〜〜〜〜！！！！
玉ねぎもトロトロだしチーズもトロトロだ〜！
玉ねぎの甘さにもびっくりしちゃった…

ベーコンの代わりにソーセージを入れても美味しいよっ

# 染み染み〜大根の煮物

## 材料 (2人分)

- 大根…1/3本(約350g)
- ツナ缶…1缶
- A
  - 水…400cc
  - みりん…大さじ2
  - しょうゆ…大さじ2
  - 酒…大さじ1
  - 砂糖…小さじ1
- かいわれ大根…好みで

**1**
大根は皮を剥き、厚さ3cmのいちょう切りにしよう！それを密閉式保存袋に入れて、冷凍庫で一度凍らせてね。

半日くらい冷凍させてね！
長期間冷凍しすぎるとスカスカになって美味しくなくなっちゃうので注意！

**2**
鍋に凍ったままの大根とツナ、Aを加えよう。アルミホイルで落とし蓋をしたら、鍋の蓋を少しずらしてのせ、弱火で10分煮ていくよ。10分経ったら蓋と落とし蓋を取り、煮詰めよう！器に盛ったら、かいわれ大根を添えて完成〜！

大根を冷凍すると、水分が凍って膨張し、大根の組織が壊れるんだ そのおかげで、火の通りが早いし煮汁も染み込みやすい〜

ねえねえ、聞いてる？

ツナからとっても良い味が出てンンンまい〜っ

# ふわふわ長いもグラタン

**材料** (2人分)
- 長いも…150g
- A
  - 卵…1個
  - めんつゆ…大さじ1
  - だしの素…小さじ1/2
- ソーセージ…2本
- 溶けるチーズ…適量
- 刻みのり…適量

## 1
長いもをすりおろし、Aを加えてよく混ぜ、グラタン皿に流し入れよう。そこに斜め切りしたソーセージを入れたら準備はOK！

とろろが混ざりにくいけれど頑張って！
ファイオ〜！

## 2
フライパンにグラタン皿の半分くらいの高さまで水を入れて熱し、沸騰したら、1を入れて蓋をしよう。弱火〜中火で10分蒸したらチーズをのせ、再度蓋をして1〜2分蒸せば完成！最後に刻みのりを散らそう〜！

水はこうなるくらいまで入れるよ！多すぎると器に水が入っちゃう…

Aに明太子を1腹や、切り餅を1個絹豆腐を100gを加えても美味しい〜

# 白菜のトロトロ焼き

**材料** (2〜3人分)

A:
- 白菜…1/4個(約500g)
- 長いも…100g
- 薄力粉…60g
- 卵…2個
- だしの素…大さじ2
- 水…60cc

- 油…適量
- 豚薄切り肉…150g
- むきエビ…100g
- ソース、マヨネーズ、青のり、鰹節…各適量

## 1

白菜はざく切りにして、長いもはすりおろしてね！ボウルにAの材料を入れてよ〜く混ぜよう。フライパンに油を熱し、タネを流し入れたら豚肉、エビをのせ、蓋をして弱火で6分焼くよ！

ぼくは26cmの大きめのフライパンを使っているのだけれど、小さめなら2回に分けて焼いてね〜！
生焼け防止&あふれるの防止！

## 2

1を裏返して蓋をして、更に4分焼いたら、蓋を取って水分を飛ばしてね。皿に盛り、ソース、マヨネーズ、青のり、鰹節をかけて完成〜！

裏返す時はズラす感じで皿に出してフライパンをかぶせてエイッてひっくり返すと上手にできるよ！

# COLUMN1
# お弁当レシピ

- ねえねえ、ぼくくん、おにぎらずって知ってる？今、流行っているんだ！
- おにぎ…らず？おにぎりじゃなくて？
- えっ、何それ…知らない…
- 握らないからおにぎらず！作り方はすごく簡単だし何より見た目がとってもおしゃれなんだよ〜っ
- よ〜し！それじゃあ今からお弁当を作って、どこかに遊びに行こうか！
- うん！！！
- 握らないおにぎり…ボロ…ボロ…

## おにぎらずの作り方

ラップを敷いた上で作ると作業しやすい！

① 大判ののりを1枚用意する
② 中央にご飯をのせる(50gくらい)
③ ご飯の上に具をのせる
④ 更に上にご飯をのせる(50gくらい)
⑤ のりの上下を中央へ折る 
⑥ のりの左右も中央へ折る
⑦ ラップで包み、のりがなじんだら半分に切る

- ハーフサイズののりでもこう、ご飯と具をのせて半分に折れば作れるよ！
- 両方にご飯を片方だけ具を！
- ボロボロのおにぎりじゃなくて良かった！
- え？

# エビのわさびマヨおにぎらず

(2個/カットして4個分)

① むきエビ60gは電子レンジで約1分半加熱しておく

② むきエビとアボカド½個をざく切りにして、しょうゆ小さじ½、マヨネーズ大さじ1、わさびをお好みで入れて混ぜる

③ のりの上にご飯と具をのせ、軽く塩をふっておにぎらずを作る

> わさびの香りが結構消えるので少し多めにすると良いよ〜

# カルボナーラおにぎらず

(2個/カットして4個分)

① ご飯200gに、市販のカルボナーラソース70g、粉チーズ20g、黒こしょう少々を混ぜておく

② 少し厚めのベーコン2枚と目玉焼きを2つ焼く（目玉焼きは二つ折りにするとGOOD!）

③ のりに①のご飯を敷き、②の具をのせておにぎらずを作る

> 卵は黄身が生すぎると包む時に割れちゃう…！

# 照り焼きチキンおにぎらず

(2個/カットして4個分)

① 鶏もも肉½枚(約150g)を半分に切ったらフライパンで皮目から焼き色がつくまで焼く

② ①にしょうゆ小さじ2、みりん・はちみつ・酒各小さじ1、生姜・にんにくすりおろし少々、レモン汁小さじ½を加えて水分がとぶまでタレを絡めながら焼く

③ のりの上にご飯とちぎったレタスを適量敷いて、②のチキン、お好みでマヨネーズやスライスしたレモンを入れておにぎらずを作る

もぎゅっ もぎゅっ

> タレをたっぷり絡めて包むとンンンまい！

> ご飯ものは用意できたね！おかずは、この本で紹介したレンジで作るシュウマイとふわふわハンバーグにしよう！

> うーんと…

> あとは…そうだなぁ〜簡単に卵のおかずと、デザートを作ろうか！

> ふぉぉぉぉお！デザート！？！？！？やった〜〜〜〜！

キラ キラ

> わはは〜！嬉しそう〜！

# すごいぞ卵！6種！

> 厚焼き玉子と薄焼き卵には片栗粉が大活躍！

## 厚焼き玉子

（卵2個／4〜5切れ分）

① 小皿に砂糖小さじ1、しょうゆ小さじ1/2、だしの素小さじ1/2、大さじ2の水で溶いた片栗粉小さじ2を加え、混ぜる

② ①に卵2個を割り入れ、2〜3回黄身を切るように軽く混ぜる

③ 温めたフライパンに油をひき、②を数回に分けて入れ、弱火〜中火で巻いていけば完成！

> 片栗粉を入れることでだし汁をしっかり閉じ込めてくれるので冷めてもふわっと！形もキレイに仕上がる〜！

## 薄焼き卵

（卵1個／1枚分）

① 小皿に卵1個、塩こしょう各少々、大さじ1の水で溶いた片栗粉小さじ2を入れて、よく混ぜる

② 温めたフライパンに油をひき、①を流し入れたらフライパンを回して均一の薄さに広げて焼く

> 片栗粉を入れることで卵が破れにくくなるんだ！P90のトマトご飯を包んだオムライスなんか良いねっ

> 厚焼き玉子の場合は混ぜすぎるとフワフワ感がなくなっちゃうし、薄焼き卵はよく混ぜないとでこぼこで破れやすい仕上がりになるので注意！

COLUMN1

# かわいいミニ目玉焼き

卵を冷凍させると
黄身がモッチモチに！

（卵1個/2つ分）
① あらかじめ卵を冷凍庫で凍らせておく
② 電子レンジで20秒加熱して卵の殻を剥いたら半分に切る
③ 温めたフライパンに油をひき、切り口を下にして卵を離してのせ、蓋をして焼く。お好みで塩こしょうをふる

# お好み野菜のピカタ

（卵½個分）
① トマト・ズッキーニ・なす等お好みの野菜を厚さ1cm幅に切り、薄く片栗粉をまぶす
② 小皿に卵½個、粉チーズ大さじ½、バジル適量、塩こしょう各少々を入れて混ぜ、①の野菜をくぐらせる
③ 温めたフライパンに油をひき②を両面焼く

カレーパウダーを加えてもウマい！

# ふわふわスクランブルエッグ

たんぱく質の結合をマヨネーズが
ソフトにしてくれるので、いつまでも
やわらか＆ふわふわ食感！

（卵1個分）
① 小皿に卵1個とマヨネーズ大さじ½、塩こしょう各少々を入れて混ぜる
② 温めたフライパンにバターを5g溶かし、①を入れ大きく混ぜ、半熟状態になったら火を止めるケチャップを添えれば完成

# 卵の巾着包み

（卵4個/4つ分）
① 油揚げ2枚を熱湯で油抜きして、それぞれ半分に切り油揚げを開いてその中に卵を1つずつ落としたら、爪楊枝で切り口を止める
② 小鍋に水200cc、しょうゆ大さじ2、砂糖大さじ2、みりん大さじ2、酒大さじ1を加えたら①の巾着も入れ、落とし蓋をして7分煮る
③ 冷めたら、縦に半分に切って盛り付ける

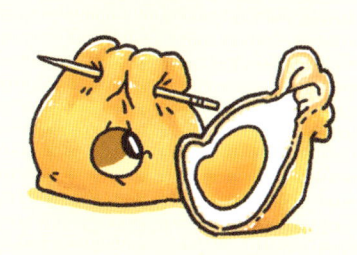

# COLUMN1

# お手軽デザート

さっぱり！洋風スイーツに！

## クリームチーズ煮豆

(お好みの量)

① 煮豆の重さに対して半分の量のクリームチーズを電子レンジで数秒温めてやわらかくしたら、絡めるだけ！

砕いた胡桃を入れても！

## かぼチョコ茶巾

(茶巾3つ分)

① かぼちゃ100gを電子レンジで3分加熱し、よく潰す
② ①が熱いうちに、刻んだホワイトチョコレート30gを加え溶かしたら、豆乳大さじ1も加えてよく混ぜる
③ ラップに包んで茶巾にする

厚手のアルミカップがオススメ〜

## さつまいもプリン

(アルミカップ5個分)

① 皮を剥いたさつまいも100gを電子レンジで3分加熱し、熱いうちによく潰したら、砂糖20g、豆乳150cc、バニラエッセンス少々加え一度こす(フードプロセッサーでもOK)
② 水大さじ1でふやかしたゼラチン4gを①に加え、電子レンジで1分加熱してよく混ぜ、アルミカップに注ぎ冷蔵庫で冷やす

---

よ〜し！これでお弁当は完成〜!!

早速おトにいこ……
…ラ

もぐもぐ

あっ…

カラっぽ

BOKUNO GOHAN

# ご飯の章

フライパンだけ、炊飯器だけでできる
ご飯レシピ、栄養たっぷりで
マンネリしらずの麺レシピなど、
簡単＆大満足の主食を教えちゃうよ！

# フライパンでご飯

わ〜〜〜〜〜〜〜〜!!!
ビクッ
ぐすっっ
ど、どうしたの!
す・・・炊飯器が
壊れちゃった…
生米だ
ぼく、お米食べないと
生きていけないくらい
お米大好きなんだ…
ドテッ
あ〜あ!
わはは!
安心してよ!
お米はフライパンでも
ちゃんと炊けるから!
えっ!?
フライパンで!?
どういうこと!?
しかも実は、炊飯器より
フライパンの方が美味しく
お米が炊けるんだよ!
!?
ナンダト!?
ナンダト!?
うん
うん
ぼくくんは
「始めちょろちょろ、中ぱっぱ
じゅうじゅうふいたら火を引いて
赤子泣いても蓋とるな」
って聞いたことある?
あ、ある!
…気がする!
これって、薪をくべたかまどで
ご飯を炊く時の火加減のことで
お米の炊き方の極意なんだ!

まず、炊きムラが出ないように
ちょろちょろ弱火で釜を温めて
フムフム…
吸水
全体が温まったらぱっぱと
一気に強火にする！
ウォオオ～
沸騰
じゅうじゅう沸いたら弱火にして
決して蓋を取らないこと！
消火&蒸らし
でも、まんべんなく火が当たる
ガスコンロなら、最初から
弱火にする必要が無いんだ！
むしろ、強い火力ですばやく
沸騰させることで旨みが
ぎゅっと閉じ込められるし
フライパン底の面積が広い分
1粒1粒ムラ無く炊けるよ！
そうすることで
ツヤと甘みのある
ふっくらご飯ができる！
うおおおおお！
イメージだけで
美味しそう！
水加減を調節して自分好みの
かたさを見つけられるのも楽しいし
火を調節しておこげが作れるのも
嬉しいと思わない？
ウオーー！
おこげーー！
ここまで来ると
ご飯を炊くことが1つの
料理みたいだね！
しみじみ…
お米はほぼ毎日食べるものだし
面倒くさくないのは大事だけど
炊飯器は放っておいても
お米が炊けるからね～
たまに、とびきり美味しい
お米を、火加減を調節しながら
炊くのも悪くないよね！
ぽっ
うず
うず
うず
もったいぶってないで
早く作ろうよ～～～！
ふふふ
もう！

# フライパン1つで！カレーパエリア！

**材料**（2合／3〜4人分）

- 米…2合
- 鶏もも肉…500g
- A
  - カレー粉…大さじ1
  - 塩…小さじ1/2
- B
  - にんにく…2片
  - 生姜(すりおろし)…大さじ1
  - 赤唐辛子…2〜3本
  - ローリエ…2枚
- C
  - ピーマン…1個
  - パプリカ(赤、黄)…各1/2個
  - トマト…1個
  - しめじ…1株
- D
  - 水…400cc
  - カレー粉…大さじ2
  - 塩…小さじ1
- 粉チーズ…適量

**1** まずは下準備。にんにくは薄切り、ピーマンとパプリカは縦に細切り、トマトはざく切り、しめじはほぐしておこう〜！

鶏肉を一口サイズに切ったらAをもみ込み、フライパンで皮目から焼き、裏面も焼いたら取り出しておこう〜！

できれば、もみ込んだらビニール袋に入れて、20分程度ねかせてあげよう〜！
味が染み込む！

フムフム…

## 2

Bを油少々（分量外）で炒め、香りを移したら、Cを加え炒めよう！しんなりしてきたら、研いだ米と1の鶏肉、Dを加えてね。

ローリエを入れると、香りが良くなるんだ〜！

くんくん

## 3

沸騰したら蓋をして、弱火で蒸し焼きにするよ！15分経ったら蓋を取り、少し火を強めて水気をとばそう〜。

パチ パチ パチ

水分が無くなるとパチパチ音がしてくるよ！

火を少し強めることでおこげができて更に美味しい！

皿に盛って、粉チーズをかけて召し上がれ〜！

### ♥♥♥ アレンジでンンンまい〜！ ♥♥♥

## トマトジュースでお手軽トマトパエリア！

キャッ キャッ

**材料（4人分）**

にんにく（薄切り）2片
お好みの野菜
ミニトマト10個

A
| 米2合
| あさり（砂抜きする）200g
| むきエビ10尾
| トマトジュース180cc
| 水180cc
| コンソメ（固形）1個

これまた粉チーズがとってもよく合う！

にんにくを少量の油で炒めたら好きな野菜とミニトマトを投入して炒める。そこにAを加えて沸騰させ、カレーパエリア同様、蒸し焼き15分→蓋を取って水分をとばせば完成♪!!

# フライパンDE さっぱり梅しらすご飯

**材料** (2合／3～4人分)

- 米…2合
- A
  - 水…380cc
  - しょうゆ…大さじ1と1/2強
  - 生姜…2片（約30g）
- B
  - しらす…150g
  - 梅干…2～3個（約20g）
- C
  - 青ねぎ…3本
  - ミョウガ…適量

**1** 米は研いで水（分量外）に15分～30分浸しておこう。その間に他の材料の下準備！

材料を切ったりと準備しているとあっという間に15分くらい経っちゃう～

生姜はみじん切り、梅干は種を抜いて細かく刻み、青ねぎは小口切り、ミョウガは細切りにしておこう！

**2** フライパンに水気をよくきった1の米と、Aを加えて中火にかけるよ。

お米をザルに入れると、よく水がきれるよ！想像以上に出てくる…

全体がボコボコ沸騰してきたら蓋をして弱火で10分炊き、音がパチパチしてきたら、一度強火にして1分程加熱。ジュ〜ッという音になったら火を止め、蓋をしたまま10分待とう〜！

おこげを作りたい時は、強火で30秒〜1分加熱時間を増やして！
蓋に穴が開いているタイプなら、菜箸を刺して塞いであげると美味しくできるよ〜

**1** ボコボコ状態で蓋をして弱火で10分加熱

**2** パチパチ状態で1分間強火にして火を止める

**3** 10分待つ

**3** 蓋を開けて **B** を投入したら、しゃもじで全体になじませながら切るように混ぜ、茶碗によそうよ！仕上げに **C** を散らして完成！

おこげってめちゃンンンまいよね…

刻みのりやごまをふりかけても美味しいよ！

## 豆知識

ンンンン〜！すっぱ！すっぱ！すっぱ！すっぱ！

わはは！その酸っぱさがクエン酸という成分だよ！

変な顔〜！

酸っぱいと唾液がたくさん出てくるよね

実はこの中にパチロンという若返りホルモンが含まれているんだ！

### すごいぞ！パチロン！
- 肌の新陳代謝を活発にしてシミやシワを防ぐ
- 体内の壊れた細胞組織を修復する（特に各器官・皮膚・筋肉・目などの粘膜強化）

食欲UPは知っていたけど若返りは知らなかった〜！

ただ、塩分が多いから食べすぎには気をつけてね！
…って、もう遅いか…

# 炊飯器より美味しい！フライパンDEボンゴレ飯

## 材料 (2合／3～4人分)

- 米…2合
- あさり…300g
- A
  - 水…330cc
  - コンソメ(固形)…1個
  - 塩…小さじ1
  - しめじ…1株
  - にんにく…2片
  - 赤唐辛子…1本
  - 白ワイン…50cc
  - オリーブオイル…小さじ1/2
- バジルの葉、パプリカ…各好みで

## 1

あさりはこすり洗いをして、1時間程砂抜きをしておくよ。また、米は研いで水（分量外）に15～30分浸しておこう！

**あさりを平たいバットなどに出す できれば食器受けのように網と2層になっているとGOOD！**
100円均一に売っているよ！これなら、吐き出した砂を再度、貝が吸うのを防げる！

**500ccの水に塩大さじ1の濃度の食塩水を作ったら、あさりの顔が半分出るくらいまで注ごう！**
たくさん入れると貝が呼吸できなくなって窒息死してしまうことも…

**まな板、新聞紙などをかぶせて暗くしてあげよう！**
1時間でも良いけれど、できれば2～3時間おくのがベスト！

その間に他の材料の下準備！水にコンソメと塩を溶かして、電子レンジで1分半温めよう。しめじは石づきを取ってほぐし、にんにくはみじん切りに、赤唐辛子は種を取り除いて輪切りにしておいてね！

唐辛子は無くてもOKだよ～！

## 2

フライパンに水気をよくきった**1**の米とあさり、**A**を入れて中火にかけ、全体がボコボコ沸騰してきたら蓋をして弱火で10分炊こう〜！

味付けはまるでパスタの
ボンゴレビアンコ〜！

ボンゴレ＝あさり
ビアンコ＝白い
って意味なんだって！

いまだ〜！

ボコ
ボコ

## 3

音がパチパチしたら、一度強火にして1分程加熱。ジュ〜ッという音になったら火を止め、10分待ってね！ 蓋を開け、ご飯を切るように混ぜて皿によそったら、好みで食べやすい大きさに切ったバジルやパプリカを添えて完成だ〜！

いい香り♪！
早く食べようっっ

くん
くん

### 豆知識

あさりってとっても
体に良いって知ってる？

えっ！？そうなの！？

血液の赤血球を作るためには鉄と
ビタミンB₁₂が必要なのだけど、
あさりにたくさん含まれているんだ！
貧血予防にもってこいの食材だね！

加熱した時に出るあさりの汁には
この栄養素が含まれているので、
汁を摂取できる料理を食べることが大切。
ボンゴレ飯にもあさりのエキスがたくさん〜

なるほどーっ！
たくさん食べるぞ！！！

他にも、あさりの味噌汁とかね！

# 簡単!香ばしい!ぽきぽきパスタパエリア

## 材料 (2人分)

- パスタ(カッペリーニ)…120g
- オリーブオイル…大さじ3
- A
  - にんにく…2片
  - 赤唐辛子…1本
- B
  - ベーコン…100g
  - ズッキーニ…1本
  - グリーンアスパラガス…3本
  - エリンギ…2本
- C
  - 水…180cc
  - コンソメ(固形)…1個
  - ローリエ…1枚
  - プチトマト…10個
- パセリ…好みで

**1** 今回使用するパスタはカッペリーニといって、日本のそうめん(直径1.3mm未満)並みに細いんだ。あらかじめ、3〜5cm幅にぽきぽき折っておいてね!

とっても簡単に折れるよ〜
袋に入れると、折った時に散らからないので作業しやすいよ!

にんにくは潰し、赤唐辛子は種をとって輪切りに。Bの材料は食べやすいサイズに切っておこう〜!また、水にコンソメを溶かして、電子レンジで1分半温めておいてね。

サフランがあるなら、コンソメと一緒に加えて、レンジで温めてあげよう!キレイな色がつくんだ〜ほんの少量でだいぶ色がつくよ!

**2** フライパンにオリーブオイル大さじ1を熱し、Aを入れて炒めよう。
香りが出てきたらBを加え、焼き色がつくまで炒めたら皿に取り出そう！

お好みの野菜に代えてもOK〜
よいしょっ！よいしょっ！

**3** 2のフライパンにオリーブオイル大さじ2を熱し、パスタを入れて炒めてね。こちらも焼き色がついてきたら、2をフライパンに戻そう！

ぐつぐつ ジュワー
ジュワー ぐつぐつ
ぐつぐつ     ぐつぐつ

Cを加えて、焦げつかないように混ぜながら煮詰めていくよ。
水気がとんで、パスタがピョンピョン立ってきたら完成〜！
好みでパセリを散らしてね。

パスタがまだかたいようなら、お湯を少し加えて煮てね！

## アレンジでンンンまい〜！

### シーフードパスタパエリア

じーっ

2の、野菜に火が通ってきたタイミングで
殻付きのエビ・砂抜きしたあさりを加えて炒めよう！
一度皿に取り出して、パスタを炒めたら、
野菜だけフライパンに戻してCを加え煮詰めていく。
半分ほど水分がなくなったら、魚介類を加えて
パスタが立つまで焼いていけば完成〜！

魚介類に火を入れすぎるとかたくなるし
旨みもどんどん逃げちゃうんだ！

小さめのマカロニや
ショートパスタでも
作れるよ〜っっ

# 炊飯器に入れるだけ！

ピッ
ちょっと待った～！
その炊飯器！
ご飯を炊くだけの道具にして
おくのはもったい無いわ！
バーン
なんだ!?
いきなり!!
ふふふ…
私は炊飯器の精！
す、炊飯器の精!?
炊飯器の上手な
活用法を教えるために
世界を旅しているの
キラ
キラ
お帰りください！
どうせマロくん
でしょ！
ギィー
わ～！最後まで
話を聞いて！
実はこちらの炊飯器ちゃん！
焼く・煮る・蒸すを自動的に
行ってくれるすごい料理道具なの
オーブンやフライパン
蒸し器の代わり
にもなるのよ
えっ？
煮物なら、材料を切って
調味料と一緒にお釜に入れ
スイッチをONするだけ！
火加減を気にしなくて良いの
そ…
それはすごい！
ドキッ
しかもオーブンのように熱く
ならないからとっても安全！
小さい子供が居るお家でも
安心して料理ができるわね
スイッチ1つだから、誰でも
美味しく作れるし、その間に
他の作業ができるのも良いの！
ふふふ…
ギュイ…
あと、保温機能のおかげで
温かい状態を保てるのも
嬉しいでしょう？
確かに！
アツアツは嬉しい！
うん
うん
美味しくできても
冷めちゃうと
悲しくなるよね…

利点は他にもあって、
均一に火が通るから
かき混ぜなくても良いし
ほっこり
そのおかげで煮崩れしにくいの！
煮崩れの一番の原因は触りすぎることなのよ！
わ〜〜〜！
それじゃあ、美味しくキレイにできちゃうのか！
確かにうまいや！
そうなの！
ハフハフ
でも、気をつけて！
ズイッ
炊飯器は色々種類があって同じ材料や調味料を使っても仕上がりが変わってきちゃうの！
だから、自分のおうちの炊飯器で好みの味や加減を探して欲しいわ！
パッ
なるほど！
それと圧力式炊飯器の調理はオススメできないの
マイコン炊飯器とIH炊飯器はOKなのだけど…
蒸気が出てくるところに食材が詰まっちゃったり
蓋を開けた時に中身が飛び散る危険性が！
チュドーン
キャー…怖いわあ…
それさえ気をつければ料理の強い味方になるはずよ！
よ〜し！わかった！
ありがとうマロ…じゃなくて炊飯器の精！
もっと炊飯器を活用して美味しい物を作るね！
くるっ
なになに？美味しい物〜？
さっき、誰かと話してなかった？
えっ…ええ〜！？
次回予告！
突然消えた炊飯器の精…
ぼくくんは彼女を探す旅に出る
「ぼく、旅立ちの朝」
見てくれよな！

# 炊飯器にドーン！トマト丸ごとご飯

## 材料（2合／3〜4人分）

- 米…2合
- 水…適量
- A
  - ベーコン…100g
  - グリーンアスパラガス…3本
  - コンソメ（固形）…1個
  - オリーブオイル…小さじ1
- トマト…1個
- 粉チーズ、粗びき黒こしょう…各適量

### 1
米を研いだら釜に入れて、通常通り2合の目盛まで水を入れたら、そこから90cc減らしてね。

トマトからたくさん水分が出ちゃうからね〜！

### 2
ベーコンは角切りに、アスパラガスは食べやすい大きさに切るよ。1にAを加え、最後に中央にヘタを取ったトマトを1個ドーンとのせたら、炊飯スイッチON！

ヘタだけ取って、丸ごとドーーーン！
小ぶりのトマトなら2個入れてねっ

**3**

炊けたら、トマトを潰すように全体にまんべんなく混ぜ、再度蓋をして保温状態で5分間待とう～！

待ち遠しい…
いい香り…

トマトを潰し混ぜた時はご飯の水分が多いように感じるけれど5分待てばいい感じになるよ！

器にトマトご飯をよそったら、粉チーズをふりかけ、お好みで粗びき黒こしょうを散らせば完成だ！

## 豆知識

トマトにはβ-カロテン、ビタミンCとEの三大抗酸化ビタミンが含まれているよ！

？？？

三大抗酸化ビタミンって？
何に良いの～？

生きていく中で体内で発生する活性酸素という物がある。ガンや心臓病などの原因も、活性酸素が関わっていると言われているよ！それを抑えるのが抗酸化ビタミン！トマトはまんべんなく持ち合わせているので、とっても体に良いんだ～～～！

よく、トマトが赤くなると医者が青くなると聞くよね！それほどトマトは栄養がたくさん入っているんだ～

トマトすごい～！

# 炊飯器に入れるだけ！？
# パラパラ絶品チャーハン

**材料**（2合／3〜4人分）

- 米…2合
- 油…大さじ1
- A
  - ベーコン…100g
  - 長ねぎ…1/2本
  - 水…340cc
  - 鶏ガラスープの素…小さじ2
  - オイスターソース…小さじ1
  - しょうゆ…小さじ1
- 卵…2個
- 塩、こしょう…各少々
- 青ねぎ…好みで

## 1
米を研いで水をきったら、釜に入れて油を加え、絡めよう！

えっ！？！？
直接油を入れるの！？
そんなことしていいの！？

## 2
ベーコンは角切りに、長ねぎはみじん切りにする。Aを1に加え、かるく混ぜたら、炊飯スイッチをON！

あとは待つだけだと…!?
お、お手軽すぎる…

**3**

ご飯が炊けたら、チャーハンの卵を作っていくよ〜！
フライパンに油少々（分量外）を熱し、塩、こしょうを加えた溶き卵を流し入れ、半熟のいり卵を作ろう。

ジュー…

あれ？あれれ？
卵は、完全に
火を通さなくて良いの？

それを釜に加えたら、全体をしゃもじで混ぜて、保温のまま5分待てば完成〜！ 好みで小口切りにした青ねぎを散らしてね！

半熟状態の卵を炊飯器に入れて
保温で熱を入れることで、
ふっくらとした卵に仕上がるんだ！

もぐ　もぐ

なるほどーっっっ

### 豆知識

ねえねえ！
どうして炊飯器に材料を入れただけでこんなにパラパラなチャーハンができたの！？！？

ふっふっふっ

秘密は水と油！

今回、炊飯する時に入れた水分は通常お米を炊く時より少なめ。だからお米がパラパラになるんだ！
加える具材もたくさん入れると水分が出てべちゃっとなりやすいので最小限に抑えているよ！

ご飯ってこねるとくっつくよね！
でも、油を入れることでご飯がコーティングされ、くっつかなくなる！
だからダマにもならず美味しいチャーハンになるんだよ〜

ギュッ

焦がす心配もないし、
一度にいっぱい作れるのもイイ！

お米がくっついてるからって
ぼくたちはダマにならないと
思うんだけど…離れろ！

# 炊飯器にお任せ！絶品サムゲタン！

**材料**（鶏手羽元6本／2人分）

- 米…50g
- A
  - 鶏手羽元…6本
  - 長ねぎ(斜め切り)…1/2本分
  - にんにく(薄切り)…1片分
  - 生姜(すりおろし)…小さじ1
  - むき甘栗…6個
  - クコの実…大さじ1
  - 水…650cc
  - 酒…大さじ2
  - 鶏ガラスープの素…大さじ1
  - 塩…ひとつまみ
- 白髪ねぎ、ごま、七味唐辛子…各好みで

## 1

釜の中に研いだ米と、Aを全て入れよう！

クコの実と甘栗は無くてもOKだよっっ

食べちゃったから無いとかはダメだからね…！

米50gは35gに減らしてもOK！35gだと、とろみがついたスープに、50gだと、サムゲタン粥っぽくなるのだけどこのスープが染み込んだお米がものすごく美味しいからぼくは50gがオススメ〜！

**2**

ここからンンンまい〜サムゲタンの香りが…

スイッチをONにして、炊飯START！

ダメだよ！まだダメ！ダメ！

**3**

炊けたら皿に盛り、好みで白髪ねぎ、ごま、七味唐辛子をかけて召し上がれ〜！

触るだけで、お肉がホロホロほぐれていくやわらかさだ…！

手羽元を手羽先に代えても美味しいよ〜

### 豆知識

冬はぽかぽか！サムゲタン！ってイメージだけど実は夏こそサムゲタン〜！

もちろん冬もイイっ

エ———ッ!?そうなの!?

日本の「土用の丑の日」みたいに、韓国でも「三伏」という時期があってサムゲタンを食べる習慣があるよ

最も暑さが厳しい時期！

日本は鰻を食べるよね！

### 体に良いサムゲタン！

- 鶏肉…女性に嬉しいコラーゲンが多い
- にんにく…血液の流れを良くする・滋養強壮
- 栗…胃を丈夫に・貧血防止・滋養強壮
- クコの実…目の疲労を回復、美白効果

食べる漢方とも呼ばれていて、美味しく夏を乗り切るためには欠かせない料理なんだ！

ぼくも食べるっ

# 炊飯器にお任せ！シンガポールチキンライス

**材料**（2合／3〜4人分）

- 米…2合
- 鶏むね肉…2枚（約500g）
- 塩、こしょう…各適量
- 水…適量
- A
  - 長ねぎ…1本
  - 生姜…1片
  - しょうゆ…小さじ1
  - 塩、こしょう…各少々
- B
  - 砂糖、しょうゆ、酢、コチュジャン、ごま油…各小さじ1
- C
  - みりん、酢、はちみつ…各小さじ1
  - 塩…少々
  - 豆板醤…適量
- サンチュ、パプリカ、トマト、パセリ…各好みで

## 1

鶏肉はフォークで皮面からブスブス穴を開けて塩、こしょうをふり、5分程なじませておいてね！

こうやって細かい穴を開けることで皮がそり返るのを防げるし味もよく染み込むんだ〜

へーっ そうなんだ！

長ねぎは5cm幅に切り、生姜はみじん切りにしておこう！

生姜はチューブ10gでも代用できるよ！

**2** 米を研いで釜に入れたら、通常通りの目盛りよりもやや少なめの水を入れ、そこにAを加え、最後に肉をのせて炊飯スイッチON！

この順番!!
鶏肉
ねぎなど
米

わくわくすぎる！　わ～～～っ

**3**  ご飯を炊いている間に、BとCをそれぞれ混ぜて、タレを2種類作っておこう～！

Bはコチュジャンダレ、Cはチリソースダレ！
チリソースの甘さはお好みで変えてね
はちみつは砂糖でもいいよ～

平皿にサンチュを敷いたら、ご飯、長ねぎ、鶏肉を盛り、パプリカ、トマト、パセリなどを好みで添えれば完成～！

ご飯に旨みが移ってる～
タレをかけながら食べてみて！
鶏もも肉でも美味しくできるよ

ガッ　ガッ　もぐもぐ

### 豆知識

マロくん！マロくん！マロくんのために鶏むね肉買ってきたよ！

ん？ありがとう…どうしたの急に…

あれ？頼んだっけ？

鶏肉は、牛肉・豚肉よりも消化・吸収が良いんだって！体にとっても良いでしょ？だから積極的に食べて欲しいなって…

ウッ！ぼくくん！
なんていいやつ!!

パサつきがちな鶏むね肉も炊飯器で炊けばとってもしっとりジューシーに仕上がるし…！

皮を取り除くと脂も少ないしコレステロールが気になるアザラシにもオススメ…

# 簡単！朝食にも！炊飯器ケークサレ

**材料**（5合炊き炊飯器1台／3～4人分）

- 絹豆腐…150g
- A
  - にんじん…1/3個
  - 玉ねぎ…1/3個
  - グリーンアスパラガス…2本
  - プロセスチーズ…3個
  - コーン…大さじ3
- B
  - ホットケーキミックス…150g
  - 卵…2個
  - 塩…小さじ1/2
- マヨネーズ、ケチャップ…各好みで

ケーク・サレはフランスの塩味ケーキ！
チーズ・野菜をたっぷり入れるので
おやつではなく、食事として
温かい状態で食べることが多いよ！

「サレ」は、フランス語で塩のこと

## 1

Aの材料を細かめの角切りにしておこう！

余り物の野菜でOK！
ぼくもこれらは、冷蔵庫に
入っていた余り物…

時間がある時は、チーズ以外を
少量のバターで炒めておくと
仕上がりがとっても美味しくなるよ！

## 2

5合炊き炊飯器の釜に、豆腐を入れてよく潰し、AとBを加えて混ぜ、炊飯スイッチをON！

ホットケーキミックスが無い時は薄力粉130g、ベーキングパウダー3g、砂糖7g、片栗粉5gで代用できるよ〜

よいしょっ
よいしょっ

## 3

一度炊けたら、竹串を刺してチェック。生地がついてくるようなら再度炊飯してね。できあがったら温かいうちにケーキクーラーに出して冷ませば完成！好みでマヨネーズとケチャップをかけて召し上がれ〜！

ゴムベラでぐる〜っと周りを剥がしてからお釜をひっくり返せば簡単に取れるよ!!

ケーキクーラーは100均に売っている〜っっ

ホコホコ

### アレンジでンンンまい〜！

**ほっこり甘いケークサレ** 
ほこほこ
（かぼちゃ、さつまいも 玉ねぎ、ブロッコリー ベーコンで！）

**クリーミーケークサレ** 
ンンンまい〜
（アボカド、プチトマト 玉ねぎ、ベーコン カマンベールチーズで！）

**おつまみ系ケークサレ** 
プハーッ
（里いも、枝豆 玉ねぎ、ウィンナー 粗びき黒こしょうで！）

# 麺のレシピ

あとは、インスタントラー…
そんなんじゃダメだ〜！！！！
栄養もかたよりすぎじゃないか〜！！！
野菜のコーナーで栄養の話をしたばかりでしょっっ
ぐっっ
ぐさっ
怒らないでよ〜だから言いたくなかったんだ〜！
ピョン
むしろ、ぼくは麺料理の魅力って
一品だけでも栄養満点でボリュームもあるところだと思うんだけどな！
ぐっっ
そ、そうなのかな
よ〜し！わかった！それじゃあ、ぼくくんのために
とびきり美味しくてしかもおしゃれな麺料理を作ってあげるよ〜！！！
わ〜！本当！？おしゃれなの！？
わく
想像つかない！
わく
それはもう！
おしゃれすぎてびっくりして鈴カステラから中身が出てきちゃう程だよ！
ぷ
ぷ
ぷ
え…まさか…それを狙って…？
わーっっ
ふふふ
ガシッ

# クリーミー！ヘルシー！豆乳味噌パスタ

## 材料 (2人分)

- A
  - 豆乳…400cc
  - コンソメ(固形)…1個
  - 片栗粉…大さじ1と1/2
  - 味噌…小さじ2
- B
  - エビ…200g
  - エリンギ…1パック
  - 玉ねぎ…1/2個
- 油…少々
- 塩…適量
- スパゲッティ…200g(2束)
- ブロッコリー…1株
- 粗びき黒こしょう、粉チーズ…各好みで

**1** Aを混ぜて豆乳味噌スープを作っておこう〜！

ぼくは、無調整豆乳を使用したよ〜
調製豆乳は少し砂糖が入っているんだ！

エビは殻を剥き、背わたを取るよ。エリンギ、玉ねぎ、ブロッコリーは食べやすい大きさに切っておいてね。

は〜い!!

**2** フライパンに油を熱し、Bを炒めよう。その間に湯を沸かして塩を加え、スパゲッティとブロッコリーを同時に茹でていくよ！

スパゲッティの茹で時間は、パッケージに表示されている茹で時間よりも1分短くしてね

スパゲッティ100gにつき水1ℓ、塩5〜10gが目安！

フム…

**3** フライパンの火を極弱火にして**1**の豆乳味噌スープを加え、絶対に沸騰させないようにじっくり加熱していこう。とろみがついてきたら、茹でたスパゲッティとブロッコリーを加えて、絡めれば完成〜！

生クリームを入れなくてもこんなにクリーミーにできるんだね！

皿に盛ったら、粉チーズと黒こしょうをかけて召し上がれーっっ

ある程度、煮詰まってきたら味見をして、塩で調整してね！

もぐもぐ

ちゅるる…ンンンンまい〜！

## 豆知識

ん？どうした？

モロモロ…

うっ…

あーっ！豆乳が分離しちゃったのか

豆乳は分離しやすいから仕方ない…よしよし…

【分離する原因】
- 63℃より高い温度で分離してしまう
- 酸性の食材と合わせると分離してしまう（レモン、トマト、コーヒーなど）
- 一定量の塩を加えると分離してしまう（にがりの役割になって固形化してしまう）

【分離しにくくさせる方法】
- 片栗粉でとろみをつける
- 無調整豆乳より、調製豆乳の方が分離しにくい

こんなに分離しやすいのだからへこまないで！

このモロモロは豆腐みたいな物なのか！そう知ったら美味しく食べられる気がしてきた

# 豆乳で濃厚！ヘルシー！トマトクリームうどん

**材料**（2人分）

- A
  - 玉ねぎ…1/2個
  - ベーコン…80g
- 油…少々
- B
  - カットトマト（パックや缶）…200g
  - コンソメ（固形）…1個
  - 塩、こしょう…各少々
- C
  - 豆乳…400cc
  - 片栗粉…大さじ1
- うどん…2玉
- バジル（乾燥）…適量

## 1
玉ねぎは薄切り、ベーコンは角切りにしておくよ。フライパンに油を熱し、Aを炒めていこう！

ベーコンの代わりに鶏肉やハムを使ってもOK！

ジュー…　ジュー…

よいしょっと…

よっ　よっ

玉ねぎがしんなりしてきたら、そこにBを加えて煮立たせて、火を止めてね。

コンソメはできれば包丁で削っておくと溶けやすいよ！

## 2

別のフライパンにCを投入して、沸騰しないように弱火で混ぜていくよ。
とろみがついたら、1と合わせ、具材にソースを絡ませながら弱火で温めよう！

豆乳は沸騰させるとすぐ
分離しちゃうから気をつけてね〜

先に豆乳にとろみをつけておくことで
トマトと合わせても分離しにくくなるんだ！

トマトと豆乳はものすごく分離
しやすい組み合わせだもんね…

## 3

うどんを表示通りに茹で、2に投入！
ソースを絡めたら皿に盛って、バジル
をふれば完成だ〜！

粉チーズをたっぷり
かけてもンまい！

わっ!?
わっ!?

### 豆知識

そうそう…！
豆乳って美容効果が
すごいって知ってた？

え！豆乳って
マロくんのレシピに
よく出てくるよね

### 豆乳パワー

大豆レシチン…血液循環を促進して
　　　　　　　肌のシミ・シワ・くすみを防ぐ

大豆サポニン…抗酸化作用があるので
　　　　　　　肌の老化を防ぐ！

ビタミン$B_1$、$B_2$
$B_6$、ビタミンE …美肌を保ってくれる

紫外線が強い夏には
もってこいの食材だね

マロくんは、豆乳を
飲まないと焦げマロに
なっちゃうのかな…

なになに？
どうしたの？

# ごまドレッシングでお手軽！冷やし担々麺！

## 材料 (2人分)

- A
  - ごまドレッシング…大さじ4
  - 鶏ガラスープの素…小さじ2
  - 水…150cc
- 油…適量
- 長ねぎ…1/2本
- にんにく、生姜…各1片
- B
  - 豚ひき肉…100〜120g
  - 味噌…大さじ1
  - 砂糖、しょうゆ、オイスターソース…各小さじ1
  - 豆板醤…小さじ1/2
- チンゲン菜…1束
- 中華麺…2玉
- 白髪ねぎ、メンマ、ごま、ラー油…各好みで

### 1
Aを混ぜ合わせて、スープを作り冷蔵庫で冷やしておこう〜！

大きめの器や、ボウルで作ろう！
混ぜるだけだから楽チン〜

フライパンに油を熱し、みじん切りにした長ねぎ、にんにく、生姜を炒める。長ねぎが透明になったら、Bを加えて炒め、肉味噌のできあがり！

生姜、にんにくはチューブを
小さじ1と1/2ずつでもOKだよ！

ジュー　ジュー

## 2

大きめの鍋にたっぷりの湯を沸かし、チンゲン菜を1～2分茹でて取り出したら…

チンゲン菜が無かったらほうれん草や小松菜でも!

わっさわっさ

水でしめる＝水洗いのこと
表面のぬめりが落ち、余熱で溶けた麺同士がくっつくのを防ぐよ

その湯で続けて中華麺を表示通りに茹で、水でしめよう!

ちなみに水でしめると少し麺がかたくなる～

麺の茹で時間はそれぞれ違うのでパッケージの表記を見てね!

チャッ　チャッ　チャッ

## 3

器に1のスープと中華麺を入れたら、1の肉味噌と食べやすく切ったチンゲン菜をのせてね。好みで白髪ねぎやメンマを盛り付けてごまをふり、ラー油をぐるっと回しかければ完成!

ホットで食べたいのなら、スープを温め、味見をしながら味噌を足してみて!

早く～…次はぼくの番

ちゅるるっ
ンンンンンまい～!

### 豆知識

い…今更なんだけど白髪ねぎって…何?

長ねぎの白い部分を白髪のように縦に細く千切りにすることだよ!

### 白髪ねぎの作り方

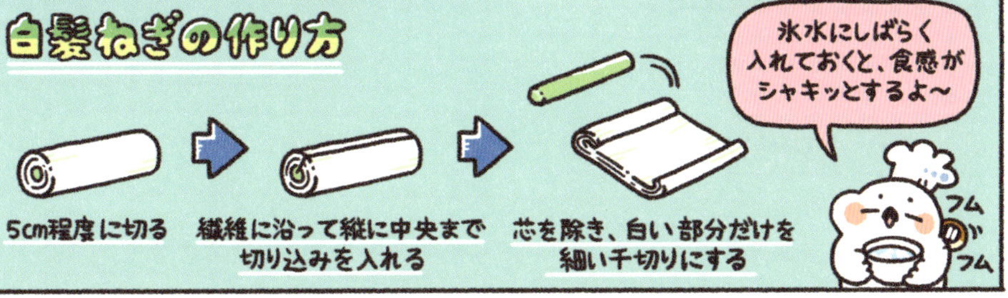

5cm程度に切る → 繊維に沿って縦に中央まで切り込みを入れる → 芯を除き、白い部分だけを細い千切りにする

氷水にしばらく入れておくと、食感がシャキッとするよ～

フムフム

# きらきら！フルフル！トマトジュレそうめん

## 材料（2人分）

- 粉ゼラチン…5g
- 水…大さじ2
- A
  - カットトマト（パックや缶）…100g
  - 水…150cc
  - コンソメ（固形）…1個
  - レモン汁…小さじ1
  - 砂糖…小さじ1
  - オイスターソース…小さじ1/2
- エビ…8〜12尾
- オクラ…3本
- そうめん…200g
- バジル…適量

## 1

まずはゼラチンを水でふやかしておいてね。

ふやかしてから使わないと
ちゃんと溶けないし、
仕上がりもダマができちゃう〜

あと、お湯は使っちゃダメ！

小鍋にAを入れてひと煮立ちさせたら、ゼラチンを加えて溶かし混ぜ、タッパーなどに入れて冷蔵庫で冷やしかためよう〜！

もしあるなら、ガーリックパウダーを加えてみて！うまさUP！

## 2

背わたを取ったエビとオクラをさっと塩茹でし、オクラは小口切りにしておこう。別の鍋でそうめんを表示通りに茹で、冷水でしめてね！

エビの身をそのまま食べるなら殻付きで茹でよう
頭から1〜2個目の節の間に爪楊枝や竹串を
入れれば、簡単に背わたが取れるよ〜

殻付きのまま茹でた方が、身の縮みが少ないし、
旨みたっぷり！背の方から剥くとキレイに殻が取れるよ

へぇ〜〜！今まで殻を
剥いてから塩茹でしていたよ…

## 3

皿にそうめんを盛って、1のジュレをスプーンでかるく混ぜてのせ、エビ、オクラ、バジルを添えて完成〜！

辛さが欲しい人はタバスコを
少量かけてみて！
辛ンンンまい〜

もうやめてくれっ

ガショ ガショ

わはははは
オラオラ〜

### 豆知識

カットトマトパックって生のトマトよりも栄養が少ないイメージがある！

便利だし安いけど

だよね〜
加工品だもんね

だがしかし!!

ニヤッ

カットトマトパック、トマトピューレ、ケチャップなどの加工品は完熟トマトをすぐに加工して作っているから栄養素はほぼ同じ！
それどころか生食より抗酸化作用を持つリコピンが約2〜3倍も多く含まれているよ！

生食用は主にビニールハウスで育てられているけれど、加工用は屋根の無い畑で太陽をいっぱい浴びながら育っているんだ！

保存が利くし、安い上に
体にも良いってすごい！

ジャーン！

# バジル以外でも美味しい！大葉のジェノベーゼうどん！

**材料**（2人分）
※ソースは2回分できあがるよ！

A
- 大葉…30g
- オリーブオイル…大さじ4
- アーモンドパウダー…20g
- 粉チーズ…15g
- にんにく（すりおろし）…小さじ1/2
- 塩…小さじ1/4

- うどん…2玉
- 梅干…1個
- ミニトマト、ヤングコーン、グリーンアスパラガスなど好みの野菜…適量
- ごま…好みで

ジェノベーゼって？なぁに？

イタリアうまれのソースで、本来はバジルペーストに、松の実、チーズ、オリーブオイルなどを加えたもの！
今回はバジルの代わりに大葉を使用したソースを作るよ‼

## 1
大葉はみじん切りにしておこう。Aを混ぜ合わせて、大葉のジェノベーゼソースを作るよ！

大葉は細かくみじん切りにしてね！
その後すり鉢で潰すと更にGOOD！

ミキサーを持っているなら材料を全部入れて
ガーーーーッと混ぜても良いけれど、
ぼくはみじん切りの方が食感が残って好き！

## 2

梅干は種を取り除き、刻んでおいてね。添えたい野菜があれば、洗ったり、塩茹でにしてね。ここまで準備が終わったら、さあ、うどんを表示通りに茹でよう！

ぼくはアスパラとトマトとヤングコーンを使ったよ！

梅干が苦手な人は入れなくてもOKだ〜

すっぱすっぱ

ピョン ピョン

## 3

2のうどんが温かいうちに1のソースを絡めるよ。塩（分量外）で味を調えたら、皿に盛って野菜を添え、梅干をのせ、ごまをふって完成〜！

ンンン〜 さわやかな良い香り〜

ソースは2回分のレシピなので半分の量を2玉に絡めてね！

梅は途中から混ぜて食べるのがオススメ〜ッ

ちゅるちゅる

### 豆知識

実はこのジェノベーゼソース！パスタやうどんはもちろん、他の食材とも相性が抜群なんだ！

一度にたくさん作っておくと便利！ただ、保存料は入っていないので早めに使ってね！

へ〜！すごい！

豆苗やじゃがいもなど加熱した野菜に絡めても美味しいし
鶏のささみに酒をふり、レンジ加熱したら手で割いて絡めるだけで一品の完成！

モッツァレラチーズにかけるだけで良いおつまみにもなるよ！

割く時は熱いのでやけどに注意だ〜！

アチチ…

野菜にも！お肉にも！おつまみにも〜！おぉおぉおぉ〜

## COLUMN2
# 簡単一人飯

## もっちり卵かけご飯

①卵を冷凍庫に入れて、凍らせておこう！

②卵かけご飯を作る2時間前に冷凍庫から取り出して室温で自然解凍させてね。茶碗にご飯をよそい、卵を落としてしょうゆを回しかければ完成〜！鰹節やチーズ、食べるラー油、ふりかけをかけても！

> わ〜！黄身がもっちり！濃厚で新食感だ〜っ

もち　もち　もち

## 豆腐ぐちゃぐちゃ丼

①絹豆腐150gと、めんつゆ、ごま油、七味、青ねぎ(小口切り)を適量入れたらざっくり混ぜる

②茶碗にご飯をよそい、①をのせて刻みのりをふりかければ完成！

> 豆腐にごまドレッシングを適量かけてざっくり混ぜたものをご飯にのせてもンンンンンまい〜！

ジャーン

へ〜っ!!

# 混ぜるだけツナご飯

①にんじん1本(千切り)、ツナ缶1缶(油ごと)しょうゆ大さじ1と½、みりん大さじ½、砂糖大さじ½、酒大さじ1をフライパンで水分が少し残るくらいまで煮たら、塩で味を調えよう！
（砂糖はお好みで調節してね！）

②炊いたお米2合分と混ぜ合わせて完成！

作者の地元の給食でカレーより人気だったらしい！

ねえ、作者って？

さ、さあ…
そういえば…
誰なんだろう…

もぐもぐ

# 焼き鳥缶DE親子丼

①フライパンに、玉ねぎ½個(薄切り)、水50cc、酒大さじ1、しょうゆ大さじ1、みりん大さじ1、焼き鳥缶1缶を入れ玉ねぎに火が通るまで煮よう！

②つゆの量が半分ほどになったら溶き卵を2つ加え、蓋をして火を止めてね。卵がトロトロになるまで余熱で火が通ったらOK！

③茶碗にご飯をよそい、②をのせて完成！

仕上げに刻みのりや三つ葉をのせると本格的♪

ピョンピョン

# とろろ明太オムライス

① しめじ1/2株と長ねぎ1/2本をそれぞれみじん切りにしたらフライパンを温め、バター10gをひいて、塩こしょうしながら炒める

> 茶碗にご飯を詰めてひっくり返せばキレイに盛り付けられる！

② 火が通ったら、茶碗1杯分のご飯と、めんつゆ小さじ2、鶏ガラスープの素小さじ1、を加えて炒め、平皿に盛る！

> 中火で卵を投入したら周りの火が通ったところを中央へ！火が通っていないところを外側へ！半分かたまったら火を止めると良い～

③ 温めたフライパンにバター10gをひき、卵2個と牛乳大さじ2を混ぜたものを投入。スクランブルエッグを作る感じで大きく混ぜ、半熟状態で火を止める。

> とろろをする時はかぶれないよう注意！

は～い!!

④ ②のご飯に、③のスクランブルエッグをかぶせ、その上からすりおろした長いも80gと明太子40gを混ぜてかければ完成～！
最後に小口切りにした青ねぎをふってね！

## COLUMN2
# お手軽タコライス

① 大きめのコップに卵を1つ割り入れ、水100ccと酢5ccを加えてラップせずに電子レンジで1分10秒チン！水気をきればポーチドエッグの完成〜

M・L卵は1分10秒！S卵なら1分で様子を見てあげてね〜

やりすぎるとレンジの中で爆発する…

もし家にあるのなら、チリパウダー小さじ1/2 パプリカパウダー少々 クミン少々を加えてみて！

びっくりするほど美味しさがUPするよ

② フライパンに油をひき、みじん切りにした玉ねぎ1/2個と鶏むねひき肉80gを加え塩こしょうをして炒める 火が通ったら、トマトケチャップ大さじ1と1/2、ウスターソース大さじ1/2を加えて炒める

さっぱりいくなら鶏肉、ガッツリいくなら豚肉のひき肉を使ってね〜！

辛い物が好きな人はタバスコを少量ふりかけて食べてね！

③ 少し深めの皿に、ご飯をよそったら、レタス1/2個をちぎりながら飾り、②のひき肉を中央にのせる。チーズを好きなだけ散らしたら、周りに角切りにしたトマト1/2個、中央に①の卵をのせて完成！

イエーイ

外で食べるご飯はもちろん美味しいけれど、家でも簡単に美味しいご飯が作れるんだね!
是非、手作りならではの心が温かくなる料理で幸せな気分になっていただけたら嬉しいです
それではまたね!

boku

## STAFF

撮 影　　ぼく
デザイン　五十嵐ユミ（Pri Graphics）
校 正　　玄冬書林
編 集　　森 摩耶（ワニブックス）

## ぼくのごはん [初回版]

簡単＆時短！ 誰でも美味しく作れる
アイデアたっぷりの54レシピ

ぼく 著

2015年5月25日　初版発行
2015年6月1日　　2版発行

発行者　　横内正昭
編集人　　青柳有紀
発行所　　株式会社ワニブックス
　　　　　〒150-8482
　　　　　東京都渋谷区恵比寿4-4-9　えびす大黒ビル
電 話　　03-5449-2711（代表）
　　　　　03-5449-2716（編集部）
印刷所　　株式会社 美松堂
製本所　　ナショナル製本

定価はカバーに表示してあります。
落丁本・乱丁本は小社管理部宛にお送りください。送料は小社負担にてお取替えいたします。
ただし、古書店等で購入したものに関してはお取替えできません。
本書の一部、または全部を無断で複写・複製・転載・公衆送信することは
法律で認められた範囲を除いて禁じられています。

Ⓒboku 2015　ISBN978-4-8470-9325-8
ワニブックスHP　http://www.wani.co.jp/

[初回版]限定!! **小麦粉ファンタジートレーディングカード**

# ［初回版限定!!］小麦粉ファンタジートレーディングカード

## ボックン LV.30
小麦粉をまとっている
HP60

小麦粉をふりまく
相手を1ターン眠らせるが、炎タイプには効かない

すり抜けながら攻撃（15）
使用した次のターン受けるダメージが半分になる
ただし炎タイプのダメージは通常通り受ける

## マロ LV.50
鉄のフライパンを持った
HP100

フライパンアタック（20）
鉄のフライパンで力の限り攻撃する

フライパン乱舞（50）
ブレイクダンスをしながら鉄のフライパンで舞うように打撃する
ただし攻撃はフライパンアタックを2回行わないと使えない

## たかし LV.20
あざとすぎる猫
HP50

つめとぎ（15）
ガリガリする

上目遣い
あざとさで攻撃する気力を無くす！！！！！
使用した次のターン受けるダメージが5分の1になる

## ゲショーン LV.50
解析された人工知能
HP70

反抗
攻撃はできないが、使用した次のターン受けるダメージが5分の1になる

灼熱の怒り（80）
反抗を5回以上行うと使える
ただし反動ダメージとしてHPが30減る

切り取って使ってね！